자연법의 신학적 의미

자끄 엘륄 지음
강 만 원 옮김

자연법의 신학적 의미

지은이	자끄 엘륄
옮긴이	강 만 원
초판발행	2013년 12월 4일

펴낸이	배용하
편집	배용하
등록	제364-2008-000013호
펴낸곳	도서출판 대장간
	www.daejanggan.org
등록한 곳	대전광역시 동구 삼성동 285-16
편집부	전화 (042) 673-7424
영업부	전화 (042) 673-7424 전송 (042) 623-1424
ISBN	978-89-7071-310-6

값 9,000원

차례

역자의 글

　오랫동안 번역을 했고, 주로 종교와 철학을 다뤘지만 자끄 엘륄의 내적 의미가 깊이 함축된 글을 옮기는 작업은 생각처럼 만만한 일이 아니었다. 물론 "번역은 반역이다"라는 말이 있듯이, 어떤 책이든 다른 언어로 기록한 저자의 메시지를 '있는 그대로' 전하는 일이 결코 간단할 수 없지만, 자끄 엘륄의 책을 번역하는 작업이 유난히 힘들었다는 불평 아닌 불평을 털어놓지 않을 수 없다. 사회학자, 철학자, 신학자, 법학자, 나아가 행동하는 지성인이며 열정적인 프로테스탄트로서 지식과 신념, 그리고 사유의 깊이와 넓이가 남다른 저자의 글을 제대로 번역하기 위해서 역자는 우선 저자의 진정한 의도를 이해하기 위해서 가쁜 숨을 몰아쉬며 그의 뒤를 힘겹게 따라가야 했다. 그가 선택한 하나의 단어, 하나의 문장은 사전적 의미를 벗어나서, 광범위한 그의 지식 세계와 소통하는 깊은 사유의 산물이기 때문이다.

　우선, 법학박사이며 보르도 대학교의 법학교수로서 자끄 엘륄이 저술한 이 책은 일반적 의미에서 법전을 다룬 책이 아니기 때문에, '법'Droit에 관한 저자의 고유한 개념을 정확히 이해하지 않고서는 한 걸음도 나아갈 수가 없다. 우리는 법에 대해서 사회질서를 유지하기 위한 수단 또는 국가의 이념을 충실히 수행하거나, 생활의 편의나 유익을 위한 도구로 인식하지만, 행동하는 프로테스탄트 자끄 엘륄에게 '법'은 실용적 의미를 넘어서, 신학, 철학, 사회학적 관계를 고려하지 않고는 도무지 이해할 수 없는 특별한 영역이다. '법'은 하나님의 의지와 분리할 수 없는 실체로서, 자끄 엘륄의 관점에서 해석한 새로운 의미의 '자연법'으로 정의할 수 있을 것이다.

> " … 너희가 너희의 형제 중에서 송사를 들을 때에 쌍방간에 공정히 판결할 것이며 그들 중에 있는 타국인들에게도 그리 할 것이라. 재판은 하나님께 속한 것인즉 너희는 재판할 때에 외모를 보지 말고 귀천을 차별 없이 듣고 사람의 낯을 두려워하지 말 것이며 스스로 결단하기 어려운 일이 있거든 내게로 돌리라… "신1:16-17

이처럼, 자끄 엘륄에게 법은 '지금 여기에서'hic et nunc 하나님의 뜻을 실현하는 수단이기 때문에, 정의를 떠나서 생각할 수 없다. 저자의 주장은 매우 분명하다. 즉, "정의에서 벗어난 모든 법은 불법"일 뿐이다. 그러나, 하나님의 뜻에서 벗어나 '타락한 인간의 본성'은 본래 그 자체로 정의로울 수 없다. 법을 제정하고 적용하는 "인간의 정의 또한 상대적이며, 시간이 흐르면서 퇴색할 수 밖에 없다." "인간의 정의는 때에 따라 해석이 달라질 수 있는 실용적인 기준에 지나지 않기 때문이다. 다시말해, 우리가 습관처럼 법과 정의의 관계를 말하지만, 저자의 관점에서 생각할 때 "하나님의 정의에서 벗어난 모든 정의는 사실상 불의일 뿐이다."

그렇다면, 저자가 주장하는 완전한 정의를 현재의 세상에서 어떻게 실현할 수 있는가? 여기에서 우리가 마주치는 근본적인 문제는, 마지막 날에 심판을 통해서 전적으로 드러날 수 밖에 없는 하나님의 정의가 과연 세상에서 실현될 수 있는가에 대한 본질적인 질문이다. 이에 대한 저자의 답변은 명백하다. "하나님의 정의가 마지막 날의 심판을 위해서 준비되었을 뿐 아니라 하나님이 현재의 시점에서 백성들을 통치하기 위해서 정의를 실현한다"

우리는 법과 정의의 유기적인 관계를 주저없이 주장하는, 열렬한 그리스도인 자끄 엘륄을 만난다.

> "모든 정의는 오직 예수 그리스도를 통해서 설명될 수 있으며, 모든 법은 완전한 정의의 선언이며 예언이 돼야 한다."

최후의 심판을 통해서 하나님의 정의가 온전히 실현된다면, 그에 앞서 예수 그리스도가 정의의 절대기준이 될 수 있는 근거는 무엇인가? 그것은, 현재의 세상, 이른바 '지금 여기에서' 하나님의 정의를 실현하기 위해서 "예수 그리스도가 인간의 몸으로 강생했기 때문이다." 이를테면 세상에 오신 예수 그리스도는 하나님의 정의와 인간의 정의가 '만나는 지점'이 되며, 따라서 예수 그리스도를 통해서 하나님과 인간의 두 정의가 동시에 실현될 수 있다.

이는, 강생하신 예수 그리스도의 죽음과 부활을 통해서 세상에 대한 심판이 내려졌기 때문이다. 그는 자신의 죽음을 통해서 세상의 죄를 심판했고, 죄를 대속하면서 하나님과 대면할 수 없는 인간의 모든 죄를 용서했다. 이처럼, 하나님의 정의가 세상에서 실현되는 유일한 근거는 예수 그리스도의 강생과 죽음, 그리고 부활이다. 저자의 말을 인용한다. "요컨대, 하나님의 정의에 대한 모든 특성은 예수 그리스도의 삶과 죽음과 부활 안에 모여지고 실현된다." 결국, 자끄 엘륄에게 '인자 예수'는 하나님의 정의에 따라서 자신의 삶과 죽음 그리고 부활을 통해서 세상을 심판하는 그리스도이다.

> "아버지께서 아무도 심판하지 않으시고 심판을 다 아들에게 맡기

섰으니 …

내가 진실로 진실로 너희에게 이르노니 내 말을 듣고 또 나 보내신 이를 믿는 자는 영생을 얻었고 심판에 이르지 아니 하나니 사망에서 생명으로 옮겼느니라.요5:22, 24

심판을 통해서 밝혀지는 정의의 구현에 대해서 우리가 간과할 수 없는 저자의 중요한 메시지가 있다. 심판은 세상을 구원하시려는 하나님의 일관된 의지로서, 그 자체가 곧 은혜라는 사실이다. "심판을 통해서 드러나는 하나님의 정의는 죽이시는 것이 아니라 살리시는 것이기 때문에 언제나 준엄한 심판과 더불어 은혜와 만난다. 하나님의 정의는 은혜와 연합한 정의로서 그 자체가 은혜이다."

"그는 공의와 정의를 사랑하심이여. 세상에는 여호와의 인자하심이 충만하도다."시33:5

그렇다면 법을 통해서 하나님의 정의, 곧 은혜가 어떻게 드러나는가? 정의의 표현으로서 법은 무엇보다 앞서 가난한 사람의 권리를 인정하는 것이다. 하나님의 정의와 유기적인 연합을 이룬 법의 적용, 즉 재판은 무엇보다 '긍휼'에서 영감을 받아야 한다. 정당한 법은 그 자체가 은혜이기 때문에, 하나님의 은혜를 세상에 드러내는 사명을 부여받는다. 따라서, "법에는 약자를 위한 보호가 있고, 가난한 자를 위한 구원이 있다." 성서에서 반복해서 강조하듯이, 하나님의 정의를 실현하기 위한 예수 그리스도의 정의는 '가난한 자를 위한 구원'를 떠나서 생각할 수 없다.

"너희가 불공평한 판단을 하며 악인의 낯 보기를 언제까지 하려느
냐? 가난한 자와 고아를 위하여 판단하며 곤란한 자와 빈궁한 자에
게 공의를 베풀지며 가난한 자와 궁핍한 자를 구원하여 악인들의
손에서 건질지니라."시82:2-4

"그는 백성들 가운데 가난한 자들의 권리를 인정하리라. 그는 가난
한 자의 자녀들을 구원할 것이며 압제자들을 진멸할 것이라."시22:3

덧붙여 저자는 하나님의 정의를 세상에서 실현하기 위한 그리스도인
과 교회의 사명을 강조한다. 오늘날 불의와 불법에 다소곳이 침묵하는
타성적인 교회에 전하는 신랄한 비판이 아닐 수 없다. 저자의 말을 빌
면, "교회는 세상과 구분되지 않는다. 우리가 살고있는 세상은 두 개의
영역도 두 개의 구도 존재하지 않는다. 요컨대, 인간을 위해서 하나의
유일한 터전이 있을 뿐이며, 생명의 유일무이한 공간이다. 따라서 교
회는 선지자적 역할을 포기할 수 없다. 교회는 전위대의 역할을 하면서
닥쳐오는 위험을 국민들에게 미리 알려주는 전령이 돼야 한다."
우리는 법의 영역에서 교회가 마땅히 담당해야 하는 중요한 역할에
주목한다. 즉, 교회는 '법의 주체'(191)로서 세상에서 역사하는 그리스
도의 정의를 세상에 전하고, 실천해야 하는 중요한 사명을 부여받았다.
그러기 위해서 교회는, 1) 그리스도의 정의를 세상에 전해야 한다. 다시
말해, 그리스도가 하나님의 정의에 근거해서 세상과 모든 인간을 심판
하신다는 명백한 진실을 널리 전해야 한다. 2) 그리스도의 정의를 세상
에서 실천해야 한다. 국가의 권력과 이념에 종속하지 않는 법, 이른바
하나님의 뜻을 세상에 실천하는 정의로운 법을 위해서 교회는 세상의
불의와 불법에 맞서 싸워야 한다.

결국 교회는 하나님의 정의에서 벗어난 세상의 '자율적인 법'을 인정하지 않으며, 권력에 빌붙은 불의, 불법과 투쟁하지 않을 수 없다. 왜냐하면, "교회는 모든 사람을 위한 예수 그리스도의 사랑을 증거하기 위해서 존재하기" 때문이며, "인간을 위해서 그리고 인간과 더불어 고통을 나누기 위해서 존재하기" 때문이다. 즉, 교회는 기꺼이 그리스도의 고난을 감당하면서 하나님의 정의를 실천한다.

"나는 이제 너희를 인하여 받는 괴로움을 기뻐하고, 그리스도의 남은 고난을 그의 몸된 교회를 위하여 내 육체에 채우노라."골1:24

오늘날 교회의 왜곡된 실상에 대한 자끄 엘륄의 일갈을 옮기면서 역자의 글을 마무리한다.

"줄곧 우리는 사랑을 베푸는 교회를 강조하면서 정작 교회가 사랑이라는 사실을 충분히 인식하지 못한다. 말하되 증거하지 않는 교회에 익숙하고, 자신의 몸 안에서 '그리스도의 고난을 완성하는' 것 대신에 안락을 추구하는 교회에 익숙해져 있다. 그러나 그리스도의 몸인 교회는 인간을 위해서 희생하신 그리스도의 남은 고난을 자신의 고난으로 완성해야 한다. […] 그럼에도 불구하고 오늘날 우리는, 함께 고통을 나누려 하지 않기 때문에 더 이상 사람을 품을 수 없는 교회에 익숙해질 뿐이다.

2013, 겨울

강만원

서 론

　벌써 수십 년이 지났지만, 2차 세계대전이 발발한 이듬해인 1946년에 Delachaux et Niestlé 출판사에서 『자연법의 신학적 의미』*Le fondement théologique du droit*라는 제목으로 이 책이 출간되었다. 당시에 프랑스 보르도 대학교의 정치학 연구소와 법과대학의 교수였던 자끄 엘륄을 알고 있던 사람들에게 이 책은 중요한 의미가 있었다. 엄격히 말해서 그때까지 자끄 엘륄은 프랑스에서 뿐만 아니라 특히 외국에서 법학자보다는 사회학자나 정치학자, 또는 신학자나 철학자로 널리 알려져 있었지만[1] 사실상 그는 법사학자法史學者로서 전문적인 교육을 통해서 법학자들과 줄곧 가까이 있었다.

　이에 대해서 우리는 한 가지 사실에 주목할 필요가 있다. 법학자로서 자끄 엘륄의 위치에 대해서 의견들이 분분했지만, 실제로 그의 중요한 관심사 가운데 하나가 바로 신학과 기독교 교리에 비춰서 인간의 법을 이해하는 것이었다. 특히 그는 시대를 가리지 않고 격렬한 논쟁을 일으켰던 자연법의 의미를 분명히 정리하는 일에 몰두했다. 왜냐하면, 자끄 엘륄이 스스로 주장하듯이 기독교 사회이기를 바라거나 자처하는 모든 사회에서 자연법에 대한 연구는 특별한 의미가 있기 때문이다. 즉, 자연법의 넓은 영역은 같은 사회 안에서 대립과 반목을 일삼던 그리스도

---

[1] 자끄 엘륄에게 헌정된 책들이 이같은 사실을 증명한다. 그 가운데 자끄 엘륄이 은퇴할 때 오랜 동료들과 친구들이 그에게 헌정했던 『종교, 사회, 정치』가 1983년 PUF에서 발행했다.

인들과 비그리스도인들 사이에서 소통이 가능한 대화의 장을 제공할 수 있었다. 물론 그러기 위해서는 인간의 법률을 인위적인 제도로 한정하지 않고, 하나님의 의지가 세상에 나타난 직접적인 표현으로 인정한다는 전제가 있을 때 비로서 가능하다.

이 말의 의미를 오해하지 말아야 한다. 어떤 경우에 '기독교적'이라고 알려진 법이 기독교의 내용들을 담고있기 때문에 그렇다는 뜻이 결코 아니다.2) 같은 나라 안에 함께 살고있는 비그리스도인들에게 기독교의 종교적 의무를 마치 그리스도인들에게 요구하듯 당연하게 주장할 수 없기 때문이다. 반면에 기독교적인 법은 그리스도인들의 하나님을 중심에 두면서 인간의 정의와 일반적인 제도가 무엇인지 깊이 생각하게 만든다. 또한, 계시를 통해서 보여주시는 하나님의 역사 안에서 법의 위치를 정의하는 것과, 우리가 살고있는 세상에서 하나님이 법에 부여한 역할이 무엇인지 확인할 수 있도록 도와준다.

자끄 엘륄이 이 책에서 채택한 관점은, 그가 개종자들과 함께 주장했던 개혁파 그리스도인들의 신학적 관점이었다는 사실을 우리는 안다.3) 이를테면, 이 책을 읽으면서 우리는 1647년에 있었던 '웨스트민스터 신앙고백'의 중요한 제안들 가운데 일부를 떠올린다. 이 책의 내용을 살펴보면, 세상을 창조했고 우주 만물을 다스리는 신비한 하나님이 존재한다. 전지전능하며 절대 주권을 지니신 하나님은 인간의 선행이나 신앙과 상관없이 인류의 일부에는 구원을, 일부에는 저주를 예정

---

2) 『자끄 엘륄, 신학자이며 사회비평가인 자끄 엘륄』, 1983년, 워싱턴 주립대학, 국제 마이크로 필름 대학 출판부

3) 앞의 책. 10쪽, "개혁적 그리스도인들로서 우리는 신앙의 규범이 되는 성서의 가르침과 더불어 자연법의 사실에 직면하는 것이 중요하다"

하셨다. 하나님은 자신의 영광을 위해서 세상을 창조했으며, 인간은 하나님을 위해서 존재한다. 요컨대, '하나님의 최대의 영광을 위해서' *ad majorem Dei gloriam* 인간이 창조된 것이다. 따라서, 인간에게 주어진 신성한 의무는 그리스도의 '재림'을 준비하는 것이다. 인간이 하릴없이 빠져든 죄에서 벗어날 수 있다는 티끌만한 보장도 없고, 죄로 말미암아 인간은 자기 힘으로 하나님의 선을 바라는 능력까지 상실했다 할지라도4), 인간은 그리스도의 재림을 바라보며 소망을 잃지 않는다.

다음과 같은 저자의 주장을 살펴보면서 우리는 그의 의식에 새겨진 생각들을 분명히 알 수 있지 않는가?

"우리는 인간이 죄로 말미암아 하나님에게서 완전히 멀어졌고, 또한 이로 인해서 전적으로 죽을 수 밖에 없다고 생각한다. 인간이 죄로 인해서 근본적으로 타락했다면, 결론적으로 우리는 타락한 인간의 본성에 자연법의 근원인 하나님의 원상原狀;imago Dei이 새겨져있다는 주장을 받아들일 수 없지 않는가?"5) 자끄 엘륄이 비슷한 시기에 발표한 글들에서도 동일한 주장들을 발견할 수 있다. "… 이 세상에서 살고있는 우리는 세상의 주권자, 이른바 사탄의 주권이 지배하는 영역에서 살고 있는 것이다."6) 다른 글을 보면, "내가 분명히 알고있는 것은, 내가 살고있는 이 세상은 사탄이 지배하는 영역이며, 나를 포함해서 모든 사람들이 죄인이라는 사실이다. 그러나 하나님은 기적처럼 인간이 살 수 있는 길을 예비하셨고 인간을 위해서 '어떤 세상'을 준비하셨지만, 본래

---

4) 따라서 세상의 모든 것들은 본래 '악의 질서'에서 파생되는 사실을 부정할 수 없다

5) 앞의 책. 45쪽

6) 『세상 속의 그리스도인』*Présence au monde moderne, Problème de civilisation post-chrétienne*, 대장간 역간, 2010

죄성을 지닌 인간들이 할 수 있는 유일한 일은 그것을 파괴하는 것이다…. 사람들은 결국 죽을 수 밖에 없는 운명에 처해졌고, 그들이 하는 일이라고는 죽음을 부추기는 것뿐이다.7)

이처럼 인간의 본성에 대해서 이미 엄격했던 저자의 주장이 몇 년 뒤에 출간된 글들을 통해서 더욱 단호하고 분명해졌다. "… 세상의 법은 결국 죄악이다… 죄는 육신 뿐 아니라 영혼에 이르기까지 인간을 전적인 타락으로 이끌었다."8)

그럼에도 불구하고 자끄 엘륄이라는 열정적인 프로테스탄트가 펼친 맹렬한 주장이 개혁적인 그리스도인들뿐 아니라, 전통적인 가톨릭 교인들에게도 호평을 받았다는 사실을 강조할 필요가 있다. 프랑스의 가톨릭 법률가협회 회장인 D'Onorio J. B.는 1983년 5월 18일부터 20일 사이에 파리에서 열렸던 4차 총회에서, "가톨릭 신앙이 주장하는 진리에 따른다"는 조건을 달았지만, 자끄 엘륄의『자연법의 신학적 의미』에 대해서 '매우 주목할 만한 저서' 라고 평가했다.

다른 분야와 마찬가지로 법에 관한 연구도 확인된 사실에서 출발해야 한다. 다시 말해, 법은 '창조' 와 하나님의 역사役事에서 벗어날 수 없다. 따라서 우리는 법에 대한 개념들이 무엇보다 하나님과의 관계 안에서 정당하게 인정받는 적절한 범위를 설정할 수 있어야 한다. 법이 인간사회의 내부에 존재하는 상호관계를 해결해야 하는 순간부터 법은 인간을 창조한 창조주의 의지에 부합해야 하며, '그리스도론적' 인 의

---

7) 문명 문제의 연대기(´ Chronique des problème de civilisation), 「신앙과 삶」 *Foi et Vie*, 9월호, 1946

8) "기독교의 염세주의에 대하여(Sur le passimisme chrétien)", 자끄 엘륄, 「신앙과 삶」, 1984, Vol. n°2, p. 164쪽

미를 지녀야 한다. 이유는, 하나님의 계시가 인간의 법에 정당한 의미
와 가치를 부여하기 때문이다.

'계시'가 하나님에 대해서, 그리고 하나님에서 유래한다면 그것은
하나님의 뜻을 세상에 전하는 동시에 하나님의 피조물인 인간이 무엇
인지 계시하기 때문이다. 이에 대해 나중에 자끄 엘륄은 "둘은 밀접하
게 연결되었다"라고 주장했다.9) 그렇다면, 여기에서 말하는 계시는 분
명히 인간의 사회적 활동들과 더불어 법에 대한 계시가 된다. 왜냐하
면, 법은 인간의 활동들을 나타내는 다양한 표현들에서 벗어나서 독립
적인 자율성을 지니는 특별한 것이 아니기 때문이다. 성경적 관점에서
살펴보면 법을 포함한 인간의 다양한 사회적 활동들은 결국 하나님이
원하셨고, 방향을 제시했던 것들이다.

우리가 종종 지적했듯이, 성경에서 말하는 '법'이나 '정의' 또는 '율
법토라'의 개념들은 성서에서 일종의 개념의 틀로 여겨진다. 이를테면,
'율법'은 시내 산에서 하나님과 이스라엘이 맺은 언약의 표현이 아닌
가? 하나님의 거룩한 말씀인 십계명을 부여받은 선민 이스라엘은 장차
그것에 맞춰서 자신들의 신앙과 관습을 일치시키지 않았는가? 그리고,
자신의 절대 주권 안에서 하나님은 무엇이 정의인지 결정할 수 있었고,
시편 74-8 정의로운 율법 안에서 의인을 보호하는시편 36:6 '공의의 심판
자' 시편 7:12로 자신을 드러내시지 않았는가? 예수 그리스도가 세상에
오셨을 때, 바리새인들의 배타적인 율법주의와 율법 우상숭배에 빠진
그들의 종교적 외식이 마침내 예수 그리스도의 **'새로운 율법'**, 다시 말

---

9) "실정법을 위하여 기독교의 계시는 어떤 의미를 지니는가?", 스트라스부르 대학교
   정경대학 학술지, 「법과 기독교의 계시」(La révélation chrétienne et le droit), 39쪽, 1961

해 이방인들에게도 차별없이 말씀이 전해지면서 온 인류의 죄를 대속한 십자가의 죽음이라는 '새로운 율법'의 선언으로 이끌지 않았던가? 십자가의 희생을 통해서 그리스도는 "인간의 정의라는 근본적인 불의를 고발하는 동시에 인간의 정의에 복종하면서 그는 인위적 제도의 정당성을 인정했다."10) 이를 통해 하나님의 정의, 즉 완전한 정의의 모든 특성들이 예수 그리스도의 삶과 부활에 집중되고, 실현되었다. 그때부터 예수 그리스도를 벗어난 어떤 종류의 정의도 진정한 정의로서 세상에 존재할 수 없으며, 예수 그리스도를 벗어나서 법에 관한 어떤 연구도 있을 수 없다.

예수 그리스도 안에서 법의 존재 이유와 의미를 찾는 그리스도인들에게 영원한 정의는 예수 그리스도 안에서 세상의 정의와 일치한다. 왜냐하면, 완전한 정의를 실현하면서 예수 그리스도는 인간의 정의를 동시에 실현하기 때문이다… 그렇다면 우리는 다음과 같은 어려운 질문에 대해서 개략적인 답을 얻을 수 있다. 즉, "하나님의 거룩한 정의가 인간의 세속적인 법과 더불어 도대체 무슨 일을 할 수 있는가?"라는 본질적인 질문이다. 이에 대한 대답은 다름아닌 예수 그리스도가 육신을 입고 세상에 강생했기 때문에 가능하다는 것이다. 달리 표현하면, 예수 그리스도는 하나님의 정의와 인간의 정의가 만나는 성소라는 것이다. 요컨대, 예수 그리스도의 십자가를 중심에 두지 않는다면 우리는 인간의 법을 제대로 이해할 수 없다.

자끄 엘륄의 주장에 따르면, 성서적 관점에서 생각할 때 법은 의심의 여지없이 인간의 활동에 속한다. 한 가지 유의할 점은, 여기에서 저

---

10) 자끄 엘륄, 『자연법의 신학적 의미』, 64쪽

자가 말하는 인간의 의미는 하나님의 창조 안에서 고려되는 인간이라는 것이다. 따라서 인간의 법은 하나님의 피조물로서 인간의 활동에 따른 산물이다. 물론, 죄에 빠진 인간은 절망적인 피조물이기 때문에 모든 인류에게 본질상 내재하는 한계가 분명하고, 사회적 존재로서 인간은 준엄한 법률에 불가피하게 복종해야 하지만, 그럼에도 불구하고 인간이 법을 제정한다는 사실을 부정할 수 없다.

인간사회의 법이 본래 내재적인 가치를 지니지 않더라도, 인간의 법은 하나님으로부터 유래하는 어떤 가치를 담고 있다. 따라서 우리는 법을 통해서 어떤 정의가 표현될 뿐 아니라, 법과 만나면서 하나님과 어떤 관계를 맺을 수 있다고 기대한다. 하나님이 인간을 위해서 역사하시기 때문이며, 인간 사회의 법은 비록 부족하고 서툴지만 자기 방식으로 하나님의 완전한 정의를 세상에 전한다는 사실을 인정하기 때문이다. 몇 년이 지난 다음에 저자는 이에 대해서, "모든 정의는 다만 예수 그리스도를 통해서 설명될 수 있으며, 모든 법은 의지적이든 아니든, 의식하든 아니든 완전한 정의의 선언이며 예언이 돼야 한다"11)라고 설명했다.

정의가 본래 하나님의 의지에서 파생했다는 사실을 인정한다면, 요컨대 인간의 정의는 하나님의 용서와 결코 분리될 수 없다는 결론에 이른다. 또한, 하나님의 정의를 표현하는 수단으로서 법은 인간을 위한 것이라는 사실을 부인할 수 없다.

하지만, 이같은 주장은 창조주이자 구원자이신 하나님에 대한 '믿음'을 전제하는 것이기 때문에 신앙이 없는 사람들에게 강요될 수 없다. 따라서 우리는 법적 규범에 대한 구체적인 내용들과 법에 대한 우리의

---

11) 자끄 엘륄, "실정법을 위하여 기독교의 계시는 어떤 의미를 지니는가?", 40쪽.

분석이 전혀 상관이 없다는 사실을 덧붙여야 한다. 그러나 인간이 제정한 모든 법의 체계는 필연적인 결과로서 Ipso facto, 인간이 자신의 방식대로 설명한 하나님의 정의에 대해서 예언적 기능을 함축한다.

성서 안에서 자끄 엘륄은 인간적인 법의 구성요소들, 다시 말해 법적인 제도들을 완전한 법에 부응하는 것으로 판단했다. 여기에서 그가 말하는 제도들은 '어떤 대상'을 중심으로 체계적으로 구성된다. 즉, 제도는 시간 속에서 지속적인 효과를 나타낼 수 있는 규칙들의 전체를 의미하며, 구체적으로 말하면 소유권, 결혼, 국가 등을 포함한다. 저자는 성서 안에서 제도들 뿐만 아니라 인간의 다양한 권리들, 이를테면 하나님의 피조물로서 인간에게 부여되는 권리들을 파악했다. 인간은 그것들을 통해서 사회가 인간에게 요구하는 의무들을 정확하게 수행할 수 있다. 덧붙여 그는 인간의 정의에 대해서 언급했다. 즉, 완전한 정의에 비해서 인간의 정의는 상대적이며 시간이 흐르면서 점점 퇴색할 수 밖에 없지만, 저자는 인간의 정의에 대해서 사람들 사이에서 정당한 관계를 맺게 하고, 일상적인 행동으로 이끌어야 하는 개념으로 정리했다. 또한 인간의 정의는 이 모든 것들을 세상의 심판과 그리스도의 재림을 포함하는 종말론적인 관점으로 이끌며, 부분적일망정 하나님이 인간의 법을 인정하고 수용할 수 있는 유일한 진정성을 인간에게 부여하는 것이다. 이는 결국 법을 통해서 하나님이 '그의' 정의 안에서 인간에게 특별한 권위를 부여하는 것이다.[12]

자끄 엘륄이 보기에 법은 이처럼 하나님 앞에서 인간의 고유한 책임

---

12) 자끄 엘륄, "실정법을 위하여 기독교의 계시는 어떤 의미를 지니는가", 스트라스부르그 대학교 정경대학 학술지, 1961, 42쪽

을 끊임없이 상기시키기 위한 것이다.13)

　여기에서 좀더 나아가서 우리는 기독교의 계시를 통해서 국가의 실정법에 기독교적인 어떤 내용아니면 최소한 내용의 작은 단편들을 부여한다고 기대할 수 있을까? 고대 이스라엘의 율법들에 의해서 정립되고 강화된 사회제도들과 법적 체계들은 이에 대해서 기준적인 가치를 제시하는가? 저자는 이 부분에 대한 오해를 걱정했다. 이에 대해서 그는, '선택받은 민족'이 채택한 이스라엘의 제도들과 법적 체계들이 그 자체로서 선택받은 제도들이거나 법적 질서가 아니라, 이스라엘이 부여받은 사명을 효과적으로 수행하기 위한 수단일 뿐이라고 지적했다.14)

　그렇다면 우리는 인간사회를 통치하기 위한 기본적인 어떤 원리들을 계시에서 직접 추출할 수 있는가? 여기에서도 마찬가지로 우리가 오해할 수 있는 우려가 없지 않다. 즉, 우리가 지금 말하는 계시는 인간을 구원하기 위해서 하나님이 일하시면서 드러나는 계시이며, 우리가 '기독교적 원리'라고 이름붙일 수 있는 어떤 원리들을 제공하기 위한 것이 아니다. 요컨대 기독교의 진리는 예수 그리스도의 인격 안에 존재하는 진리이며"내가 곧 진리다", 어떤 철학이나 이론, 또는 한정된 원리에 종속하는 진리가 아니다. 자끄 엘륄이 강조했듯이, '산상수훈'은 그것을 가르친 사람에 의해서만 진리로서 가치가 있을 뿐이다. 더욱이, 어떤 사회에서 비그리스도인들에게 기독교적 원리들을 지키라고 요구할 수 있는가? 기독교를 자처하는 법이 일반적인 이성의 법과 일치한다면 굳이 '기독교'라는 이름을 붙일 이유가 있을까?

---

13) 자끄 엘륄, 『자연법의 신학적 의미』, 170쪽
14) 자끄 엘륄. "실정법을 위하여 기독교의 계시는 어떤 의미를 지니는가",

종교적인 내용을 담은 형식이나 법적 규범을 사회제도에 부여하려는 시도는 그리스도인에게 속한 것도 아니고, 특정한 종교를 주장하는 신봉자에게 속한 것도 아니다.

이와 달리, 자신이 살고있는 사회에서 제도나 법적 규범을 통해서 수행할 수 있다고 추정하는 강제적인 기능에 주의해야 한다. 그런 통제 기능은 자신이 속한 사회집단이 채택하거나 정립시킨 것으로, 그 사회의 제도나 규범이 제시하는 기준에 의해서 결정된다. 사회적인 법의 실제 내용은 단순한 외적 형식을 넘어서거나, 당사자의 일반적인 사용 범위를 넘어설 것을 요구한다. 그리스도인은 종종 사회의 공적인 요구나 조건들을 충족시킬 수 있다고 생각하지만, 사실상 이런 기능은 힘있는 지배자들의 부적절한 개입에 의해서 왜곡될 위험이 있기 때문이다.

따라서 우리가 분별력있고 시의적절하게 행동하기 위해서는 사회 내부에서 지속적인 경계와 긴장상태를 유지해야 한다.

저자는 소유권 제도를 예로 들었다. 성경적인 의미에서, 특히 구약에서 주의깊게 살펴보면 소유권의 가장 중요한 기능은 사회집단의 연대를 위한 것이다. 즉, 정당한 소유권을 통해서 자신이 당당히 살 수 있고, 다른 사람들도 인간답게 살 수 있도록 도와주는 것이다. 요컨대, 어떤 경우에도 소유권제도는 도편추방의 배타적인 수단으로 이용될 수 없다. 덧붙여, 소유권은 주변 세상과 더불어 존재하는 사회집단의 상호 관계를 조화롭게 만들고 합리적으로 이끄는 효과적인 수단이다. 결론적으로 소유권은 재산을 소유한 사람의 배타적인 권리보다 서로를 위한 상생의 의무를 강조한다. 이같은 성경적 관점을 인정한다면, 인간은 다른 사람들과 필연적인 관계가 있는 자신의 소유권을 제멋대로 남용할 수 없을 뿐 아니라, 법적으로 자신의 소유일지라도 재산을 함부러 탕진할 수 없다.

소유권 제도를 법률적으로 구성하기 위해서 다양한 방법들이 있지만 15), 어떤 형식을 선택하든 소유권의 본질적인 기능들을 효과적으로 수행할 수 있어야 한다. 역사적으로 주어진 일정한 상황에 직면하고 시대의 요구를 고려해야 하는 그리스도인들은 무엇이 당시의 사회적 요구에 가장 합당한 소유권 형식인지 알아야 한다. 그리고, 실정법이 그런 요구에 적절하게 부응할 수 있도록 소유권제도를 결정해야 한다. 사회적 요구에 따른 경계를 소홀히 할 수 없을 뿐 아니라, 끊임없이 경계가 지속되어야 한다. 그러나 이 말은 다른 방식들을 모두 배제하고 특정한 유형만을 일방적으로 채택하라는 의미가 아니다. 결론적으로, 우리가 살고있는 사회는 그 자체로서 기독교 사회라고 주장할 수 없지만, 어떤 사회이든 우리는 신학적으로 유용한 선택들 안에서 자유롭게 결정할 수 있다.

요컨대, 100쪽 남짓의 소책자에서 자끄 엘륄이 우리에게 제안한 것은 법의 신적인 개념이며, 보다 정확히 말하자면 그리스도론적인 개념이다. 저자가 주장하는 법은 무엇보다 하나님이 원하셨던 대로 인간의 내부에서 발생하는 상호관계를 해결할 수 있어야 한다. 그리고, 법을 통해서 인간은 '창조'의 선한 질서를 '창조주'의 의지에 부합하도록 구성해야 한다는 것이다. 자끄 엘륄이라는 열정적인 그리스도인에게 '자연법의 신학적 의미'가 제시하는 의미는 분명하다. 즉, 이 소책자를 통

---

15) 예를 들면, 개인 재산과 공동 재산의 경우처럼 점유의 형식에 따라서 다양하게 정할 수 있다

해서 저자는 인간의 모든 법적 행위는 세상의 최고원리이며 조정자이신 하나님의 뜻에 따라서 분석되고 이해돼야 한다고 주장한다. 물론 이 말은 기독교라고 스스로 주장하는 어떤 사회의 법이 말그대로 기독교의 종교법이라는 뜻이 아니다. 또한, 성경이 정치적·법률적인 규범을 사회에 제시하기 때문에 사람들은 제시된 규범을 모방하기만 하면 된다는 뜻도 아니다.

물론, '자연법의 신학적 의미'에 대한 자끄 엘륄의 고찰이 테크놀러지, 선전, 국가··· 처럼 동시대의 사회생활에 등장하는 다른 중요한 주제들에 대한 분석을 망각시키는 명분이 될 수 없다. 그것들은 저자가 처음부터 자신의 생각을 정리하기 원했던 개념의 틀을 보다 분명히 정립하는 것이다. 그 틀은 다름아닌 그리스도인의 신학적인 틀로서, 저자가 종종 비난받았던 극단적인 비관주의를 넘어서 기독교적인 소망을 담고있다.

'하나님의 창조' 안에 속하되 분명히 인간의 활동인 법은 하나님의 완전한 정의를 세상에 전하는 신호이자, 예언이며 전조이다. 이것이 바로 저자에게 가장 중요한 법의 본질이다.

프랑크 모데른Franc Moderne

읽기 전에

자연법에 대해서 글을 쓴다는 것은 결코 간단한 일이 아니다. 더욱이 소책자에서 한정된 주제에 머물지 않고 자연법 이론의 전반에 대해서 다루는 것은 매우 부담스러운 작업이다. 2,500년 전부터 자연법의 다양한 문제들이 제기되었지만, 아직까지 진정한 해답은 나오지 않았다. 물론 정의에 대한 감정을 모든 사람이 자연스럽게 지니고있는 것처럼, 자연법의 부인할 수 없는 생생한 실체를 설명하기 위해서 부단한 노력이 있었던 것은 사실이다. 그러나 다른 한편에서는, 사물에 대한 객관적이고 과학적인 연구를 통해서 본성에 속하는 자연법의 구속력, 내용, 기초에 대한 정확한 이해를 기대하는 것이 헛된 일이라는 사실을 보여준다. 일반성에서 벗어나는 순간부터 명백한 입장을 유지하는 것은 불가능해지지만, 자연법의 지지자들이나 비판자들의 태도에는 기본적인 선택, 다시 말해 일종의 선험적 판단이 있다는 사실을 부인할 수 없다.

사유 · 형태 · 존재 등, 인간과 독립된 정신적인 가치들을 믿는 사람들은 이상적인 자연법이 존재한다고 믿으며, 자연법이 인간의 법률에 필요한 정보를 제공한다고 생각한다. 반면에, 사물에 대한 과학적인 관찰에 의해서만, 또는 이성적으로 이해할 수 있는 것의 실제만을 믿는 사람들은 자연법의 내용들이 비과학적이라며 자연법의 존재 자체를 인정하지 않는다. 어쨌든, 자연법을 둘러싼 지루한 논쟁은 어떤 면에서는 무의미한 논쟁이다. 그 논쟁은 대부분 관념론과 유물론 사이의 소모적인 논쟁이며, 기원과 과정을 고려하지 않은 섣부른 결론에 지나지 않기 때문이다. 따라서, 자연법의 영역에 대한 논란은 사실상 아무런 의미가 없다.

자연법에 대해서 다소 관심이 식었던 19세기부터 대략 150년의 시간이 지난 지금은, 이유가 무엇이든 자연법의 어떤 개념으로 다시 돌아왔다. 물론 그 동안의 법의 역사에 관한 사실들을 장황하게 늘어놓는 것은 무의미한 일이지만, 19세기 초부터 법률가들의 주관적 판단에 따라서 법의 영역에서 두 학파, 즉 역사학파와 실정법 학파로 나눠졌다는 사실을 간략하게 소개할 필요가 있다. 전자에게 법은 대중적인 의식과 변화에 따른 배타적인 산물이다. 그리고 후자에게 법은 법전에 기록된 구체적인 내용 이상의 아무 것도 아니며, 법에 대한 분명한 의식 외에 다른 어떤 것도 고려되지 않는다. 어쨌든, 양자의 분명한 입장 사이에 일치할 수 있는 여지가 없이 자연법의 개념에 대해서 근본적인 대립이 있을 뿐이다.16)

심지어, 정신적인 내용 안에서 법률적인 사실들을 빠짐없이 고려하기 원하는 법률가들은 자신들의 입장을 다음과 같이 표명했다.

1) 법은 규범이 아니라 사회적 상황에 따른 결과이다.
2) 법은 구체적인 어떤 공동체의 질서이며, 미지의 힘에 의해 강요된 산물이 아니다.
3) 법은 구체적인 정신적 상황의 산물로서 우연의 산물이 아니다. 또한 법은 자연이나 정신에 종속하는 영원한 대상이 아니다.

---

16) 19세기부터 나타난 다양한 학파에 대해서는 루비에르(Roubier) 의 『법의 일반론』, (1946)을 보라

그렇다면 우리는 법의 상대적인 개념에 도달할 수 있다는 사실을 결코 부인할 수 없다. 이런 조건에서 살펴보면, 사회 질서와 사람들에게 주어진 권리들은 절대로 인간의 자유의지에 반해서 지켜질 수 없다. 따라서, 판단의 기준을 제시하는 강력한 국가가 정의와 불의를 구별할 수 없다는 주장은 전혀 근거가 없다.[17]

오늘날 우리가 경험하고 있는 이런 실증적인 결론에 맞서서 자연법의 이론이 다시 등장했다. 그리고 많은 사람들은, 실증주의의 재앙적인 결과를 막을 수 있는 유일한 길은 자연법의 보편적 이론에 의존하는 것이라고 생각했다. 하지만 우리는 이런 낙관적인 주장들을 전적으로 신뢰할 수 없는 이유를 밝히지 않을 수 없다. 우선, 새로운 자연법이 전례 없는 난관에 봉착할 수 밖에 없다는 사실에 먼저 주목해야 하며, 내 생각에 이것은 간단히 극복할 수 있는 문제가 아니다. 예를 들면, 우리는 사법私法의 개인주의적 전통 개념의 결과를 확인할 수 있다. 개인의 권리를 강조하는 사법은 16 세기부터 지대한 효과를 행사하면서 자연법의 개념과 상당부분 일치했었다. 그러나 사법은 모든 분야에서 번성하던 공법의 사회적 개념에 역사적으로 자리를 내주었다. 그리고 공법은 사람이 아니라 국가에 종속하기 때문에 절대법과 분명한 거리가 있다.

법은 이성에 근거한 추상적인 규범이거나, 모든 시대에 유용한 절대적인 가치규범으로 나타나지 않는다는 사실을 통해서도 우리는 같은 결론을 얻을 수 있다. 그와 달리, 시간이 흐르면서 법은 점점 역사적인

---

17) 이것은 법을 절대적인 학문으로 세우기 원했던 규범학파가 국가의 자의성을 인정한 결과이다. Kelsen의 *'Allemeine Staatslebre'*를 참고하라

현상이거나, 국가에 의해서 대표되는 공동체의 단호한 의사표현으로 등장한다.18) 그러나 우리는 여기에서도 마찬가지로 자연법에 대한 개념이 어떻게 이런 상황과 부합할 수 있는지 분명히 알지 못한다. 같은 관점에서 우리가 마지막으로 주목해야 하는 것은, 법의 영역에서 수많은 분야가 새롭게 등장했다는 사실이다. 그리고, 새로운 법의 영역들은 자연법에 관한 숱한 문제들을 야기시켰다. 그것은, 사회 환경이 이끌기 전에 자연법이 여러 분야의 법들을 태동시키지 못했던 이유를 설명할 수 없기 때문에 발생되는 문제들이다. 또한, 근본적으로 새롭고 자발적인 이런 현상에 직면해서 자연법에 어떤 의미와 역할을 부여할지 알 수 없기 때문에 생기는 문제들이기도 하다. 예를들어 사회법이나 노동법, 배상에 관한 법 등에서도 사정은 마찬가지다. 결국 우리는 현대의 법적 상황들이 제기하는 제반 문제들이 자연법의 부활을 통해서 간단히 해결되지 않는다는 사실을 인정해야 한다.

*　*　*　*

우리가 지금 강조하는 자연법에 대한 견해가 무엇이든 상관없이, 기독교적 관점에서 생각하면 자연법은 매우 특별한 역할을 담당하기 때문에 보다 자세하게 연구할 필요가 있다. 우리는 오랫동안 자연법을 기독교 교리를 위해서 반드시 필요한 가치로 제시했다. 즉, 자연법을 하나님이 창조한 인간의 본성에 내재한다고 보거나, 창조의 질서를 이루는 일부로 보았다. 나아가, 율법의 계시 안에서 형식화된 것으로 파악하거나 자연신학을 이해할 수 있는 이성의 산물, 또는 인간의 양심이나

---

18) 이것은 이론적인 영역에 위치하는 것이 아니라, 19세기와 20세기의 법의 연구에서 실제로 확인된 영역이다

마음에 새겨진 것으로 생각했다. 물론 우리는 자연법에 대해서 더욱 다양하게 표현할 수 있다. 그러나, 이런 모든 주장의 배후에는 다음과 같이 간단히 표현할 수 있는 신학자들의 일관된 관심이 깔려있다. 그것은 그리스도인과 비그리스도인이 만날 수 있는 가능성을 제시하는 것으로, 때로는 지적이거나 정신적인 영역이고 때로는 단순히 물질적인 영역이다. 간단히 정리해서 이렇게 말할 수 있다. "자연법에 대한 이론은 그리스도인과 비그리스도인 사이의 협력의 기반이 되기 때문에 절대로 피할 수 없다." 여기에서 우리는 그리스도인과 비그리스도인 사이에 계시와 은혜가 이끄는 비극적인 분리를 넘어서 서로 소통할 수 있는 지속적인 관심을 발견한다.

이 문제는 어렵잖게 이해된다. 우리는 어떤 본성, 이를테면 모든 사람에게 공통된 물리적인 본성의 존재를 부분적일망정 이미 알고 있다. 본성은 은혜에 의해서 변하지 않는다. 그렇다면, 은혜나 초자연을 포기하지 않으면서 본성이 유지되려면 어떻게 해야 하는가? 인간의 본성에 어떤 특성을 부여할 수 있는가? 인간의 마음은 은혜에 따른 근본적인 차별로 당연히 분리되지 않는다. 왜냐하면, 은혜를 주시는 하나님은 '사랑의 하나님'으로서 모든 피조물을 차별없이 사랑하시며, 모든 사람을 구원하고 그들이 서로 사랑하기를 원하시는 하나님이기 때문이다. 그 때 자연법은 서로 다른 사람들 사이의 진정한 화해를 위해서 유용한 수단인 동시에 효과적인 표현이 된다. 그리고 자연신학은 본래 도덕적이며 이성의 절대가치를 지닌다. 따라서 이런 모든 것들은 선이 무엇이며 진리가 무엇인지 알기 위해서 인간이 반드시 계시를 받아야 한다는 근본적인 종교의 요구에서 벗어날 수 있는 논리적 근거를 제시한다.

자연법에 대한 기독교의 개념들은 전반적으로 이런 범주에 해당한다. 자연법은 무엇이 사회규범으로 적합한지 사람들이 스스로 알 수 있도록 명백한 기준을 제시해야 한다. 그러기 위해서 그리스도인과 비그리스도인의 차별없이 모든 사람들에게 공통적으로 주어진 여건 안에서 사회적·정치적 진리를 형식화하기 위해서 서로의 의견이 일치해야 한다. 최상의 인간사회를 구성하기 위해서 우리는 분명히 '어떤' 여건에서 함께 출발하고 행동해야 한다. 그때부터 우리는 이 영역의 외부에 '존재하는' 하나님을 만나게 된다. 자연법에 대한 모든 이론들을 살펴보면, 하나님은 자연법을 이해하기 위한 출발점에서 반드시 필요한 가정으로서, 그리고 이성적 추론을 이끌기 위한 전제조건으로 자리잡는다. 자연법을 이해하기 위해서 우리는 그리스도인의 배타적인 하나님보다 모든 사람들을 위한 보편적인 하나님을 먼저 떠올린다. 즉, 삼위일체이면서 유일한 존재자인 하나님, 세상의 창조주이시며 구원자이신 동시에 계시자인 그리스도인들의 하나님에 앞서 모든 피조물을 위한 진리의 가정과 전제이신 하나님이 전면에 등장한다. 그러나 이런 이론들에서는 언제나 창조주로서 하나님이 문제가 된다. 그리스도인과 비그리스도인 사이에 일치를 이루기 위해서는 하나님의 일반적인 '창조'에 따른 인간의 동일성에 근거하지 않을 수 없다. 이런 주장에는 기존의 관계들을 전복하고 강생하신 하나님의 자리가 없다.

다른 한편, 이런 주장 안에서 우리는 하나님에 의해서 태초에 창조된 세상을 하나님이 아닌 다른 힘에 의해서 다시 추진시키거나, 혼자 운행하고 저절로 돌아가는 어떤 세상으로부터 인간은 이성적으로 추론한다. 그런 세상은 마치 하나님이 창조주가 아닌 것처럼, 하나님에 의해서 생명이 보전되는 것이 아니라 자체에 생명력을 지니고 매 순간 자발적으로 움직이는 세상을 상정한다.

드물게 나타나지만, 우리는 이런 신학적 전제들을 절대로 받아들일 수 없다. 우리는 삼위일체에서 위격을 따로 분리할 수 없으며, 창조된 세상에 대해서 기계론적 개념을 가질 수도 없다. 따라서 계시에서 파생되는 분명한 여건들에 주목하면서, 무엇이 하나님의 계시에 적합한지 실체를 파악하는 것이 무엇보다 중요하다. 사실의 확인이라는 인위적 명분을 내세우면서 진리에서 벗어나서 적당히 공모하거나 타협점을 찾을 수 없다. 그렇다고 우리가 사실의 확인을 무시하는 것은 아니지만, 엄밀히 말해서 그것은 있는 그대로의 사실을 확인하는 것 이상의 다른 의미를 지니지 못한다. 요컨대, 사실의 확인이 그 자체로 우리에게 절대적인 규범이 될 수 없다.

또한 법을 해석하면서 신 중심적인19) 개념에만 머문다면 우리는 그런 일방적인 관점에 대해서도 문제점을 지적하지 않을 수 없다. 그것은 무엇보다 인간의 제도들과 정의가 하나님에 대해서 그리고 하나님을 위해서 과연 무슨 의미가 있는지, 그리고 계시에 따른 하나님의 역사 안에서 그것들의 위치가 무엇인지 알고자 하는 시도일 뿐이다. 결국 지나치게 신학적인 접근에 지나지 않는다는 비판에 동의하지 않을 수 없다. 즉, 인간을 위해서 제도들은 어떤 가치를 지녀야 하는가, 또한 그것들에 대해서 인간은 어떤 행동을 취해야 하는가에 대한 상대적이며 본

---

19) 신 중심적이라는 개념은 신정체계에서 추론하는 것과 전혀 다른 의미를 지닌다. 신정체계의 의미는 상대적으로 단순하다. 예를들어 그 체계 안에서 인간의 법률은 하나님의 의지를 드러내는 직접적인 표현이다. 플라톤이 말하듯, "법률은 저자로서 여러 신들이 있다." 그러나 이런 개념은 하나님이 우리에게 계시한 것과 근본적으로 대립되는 것이다. M. Del Vecchio의 『법철학 강의』*Leçons de philosophie du droit*, 343쪽

질적인 질문이 배제되기 때문이다. 하나님과 제도, 그리고 인간과 제도 사이는 불가분의 관계로서 긴밀한 연대성을 지니고 있다. 즉, 하나는 다른 하나에서 유래한다. 그러나, 하나님과 세상의 제도들 사이에 존재하는 관계들은 인간과 제도 사이에 존재할 수 있는 관계들보다 우월하다는 사실을 명심해야 한다. 이것이 바로 이 책에서 가장 중요한 의미를 지니는 내용이며, 자연법의 이론을 세우기 위해서 그리스도인들이 지금까지 일반적으로 채택했던 것과 근본적으로 다른 영역에 속하는 요점이기도 하다.

　이렇게 주장한다고 해서 기독교 법의 존재를 믿는다는 것이 결코 아니다.[20] 우리를 위해서 특별한 기독교국가가 존재하지 않는 것처럼, 인간의 법은 그 자체에 기독교의 종교적 내용을 담을 수 없다. 하나님에 의해서 국가가 세워진 이유는 단순히 신앙을 전파하기 위한 목적 외에도 다른 목적이 있기 때문이다. 법은 모든 사람들을 위해서 제정된 것이다. 이를테면, 하나님을 믿거나 믿지 않는 사람들을 가리지 않고 신앙의 잣대로 모든 사람들에게 유용하기 위해서 법이 만들어진 것이다. 그리스도인들도 세상의 어떤 나라의 구성원이기 때문에 원천적으로 기독교 법일 수 없는 그 나라의 법에 복종해야 한다. 기독교는 세상의 국가에서 파생하는 것이 아니라, 예수 그리스도의 인격 안에 있는 신앙에서 파생되는 것이기 때문에 우리는 기독교적인 결론을 그리스도인이 아닌 사람들에게 무턱대고 강요할 수 없다. 하나님의 율법에서부터, 더 나아가 복음서로부터 출발해서 세상의 모든 사람들에게 가치있

---

20) 이 책의 연구가 도덕과 법 사이의 관계와 전혀 상관이 없다는 사실을 지적한다. 이 문제는, 둘다 신앙과 무관한 법과 도덕 사이의 관계를 마치 그 자체에 내재된 가치가 있는 것으로 판단하기 때문에 이에 관한 문제는 기독교적 관점에서 볼 때 잘못 제기된 것이다. 리페르(Ripert) 의 『시민의 의무에 있어서 도덕적 규범』*La règle morale dans les obligations civiles*를 참고하라

는 법을 만들기 원하는 것은 분명히 말해서 환상에 지나지 않는다. 왜냐하면, 그런 주장은 은연중에 비그리스도인들도 하나님의 의지를 받아들일 수 있다거나, 신앙이 없음에도 신앙이 있는 그리스도인들과 동일하게 살 수 있다는 것을 전제하기 때문이다. 우리는 기독교적 내용을 담고있는 법이 무엇인지 알기 위해서 연구하는 것이 아니라, 예수 그리스도의 주권 안에서 법이 무엇을 주장하는지 알기 위해서, 그리고 하나님이 법에 부여하신 기능이 무엇인지 알기 위해서 법을 연구하는 것이다. 하나님은 의로운 자에게나 불의한 자에게 동일하게 비를 내리시고, 선한 사람들이나 악한 사람들을 위해서 동일하게 해가 뜨게 하신다는 사실을 기억해야 한다. 어떤 경우에든 복음서의 내용을 법률로 전환하는 자체가 중요한 것이 아니다. 법은 본래 세속적이기 때문에 세상에 속하지만, 그 세상은 결국 예수 그리스도가 왕인 어떤 세상과 전적으로 분리되지 않는다.

＊ ＊ ＊

본격적인 연구를 시작하기에 앞서, 우리는 대상을 분명히 정하기 위해서 두 가지 사실에 먼저 주목한다.

1) 우리는 자연법의 신비를 밝히려고 노력하지 않는다. 신비를 섣불리 정당화하는 것도, 실정법을 지지하기 위해서 신비를 무턱대고 파괴하는 것도 우리의 연구목적이 아니다. 지금까지 자연법에 대한 연구의 대상은 사실상 신비의 탐색이었다. 그러나 개혁적 그리스도인들로서 우리가 수행하는 연구는 신앙의 규범인 성서의 교훈을 통해서 자연법의 사실을 제대로 파헤치는 것이다. 세상에 존재하는 모든 것이 결국은

예수 그리스도의 주권 안에 있기 때문에, '있는 그대로' 사실을 연구하는 작업은 우리에게 반드시 필요하다. 다른 한편, 실제적인 예수 그리스도의 주권은 하나의 이론일 뿐 아니라, 특정한 사실들 안에 고스란히 새겨져있다. 우리는 이런 방식이 전통적이 아니라는 이유를 내세우면서 구체적인 연구대상인 사실들을 결코 소홀히 다룰 수 없다.

2) 우리는 방금 '사실'에 대해서 말했다. 여기에서도 자연법은 사실에 중점을 두고 연구될 것이다. 지금까지, 실제로 우리는 지나치게 오랫동안 자연법을 하나의 이론이나 법적 사실에 대한 해석, 또는 법에 관한 철학으로 생각했다. 물론 자연법의 철학이 있지만, 자연법은 본래 철학이 아니라 말그대로 법이다. 다시 말해 자연법은 사유가 아니라 역사의 구체적인 사실로 존재하는 현상이다. 그것은 법의 역사 가운데 주어진 어떤 시점에 나타나는 사실로서, 종교적 사실이나 국가적 사실처럼 우리가 결코 부인할 수 없는 엄연한 법적 사실이다. 법의 역사를 간략히 살핀다면, 구체적인 법적 사실이 나타난 다음에 영지주의에서 다듬어지는 어떤 이론이 있었고, 그 다음에 국가와, 주권과, 권력에 의한 법적 논리가 이어졌다. 그러나 종교나 국가는 법으로 설명되거나 정당화하기 이전에 이미 존재했다. 법적 개념 이전에 법적 형태로 먼저 제시되는 자연법에 대해서도 상황은 정확하게 일치한다. 법의 기원이 되는 구체적인 사실을 고려하지 않은 채 이론에 대해서만 연구하는 것은 전적으로 무의미한 일이다.

1장. 현상으로서 자연법

1. 역사 속에서 자연법

법에 관한 역사적인 경험은 서양 법에 한정되었다. 우리는 아즈테크, 이집트, 칼데아, 아시리아, 인도의 법들이 겪었던 지속적인 변천사에 대해서 전혀 아는 것이 없으며, 간헐적인 사건들을 통해서 개략적으로 알고있을 뿐이다. 중국 법의 변화에 대해서 가까스로 윤곽을 그리기 시작했지만, 여전히 분명한 결론을 내리지 못하고 있다. 반면에 우리는 그리스와 로마, 독일, 프랑스, 영국, 이탈리아, 스페인같은 서양 법들의 변천사에 대해서 비교적 자세하게 알고있다. 따라서 자연법에 대해서 우리가 추론할 수 있는 범위는 서양 법에 제한된다.

우리가 알고있는 모든 법들이 변화하는 과정을 통해서 우리는 세 단계를 구별할 수 있다.

첫째, 인간사회에 처음 나타나는 법이 종교적이라는 사실은 모든 사회학적 자료들을 통해서 어김없이 확인된다. 법은 어떤 신이 세상에 드러낸 의지의 표현이며, 사제司祭에 의해서 형식화되고 종교적으로 인정받는다. 그리고 법은 신비한 의식주의의 옷을 입는다. 동시에 종교적 규범은 법률의 형식으로 나타난다. 신과의 관계는 계약의 형식을 통해서 인간이 만든다. 사제는 종교법의 비밀을 통해서 종교를 보호한다.

  그리고 법은 점점 세속화된다. 한편으로 종교적이고 신비로운 규칙과, 다른 한편으로 도덕적이고 법률적인 규칙 사이에서 구별이 이루어진다. 이런 변화를 일으키는 동기는 매우 다양하지만, 그중에서 특별히 종교권력과 구별되는 국가권력의 출현을 생각할 수 있다. 그때부터 우리가 자연법이라고 부를 수 있는, 법의 두 번째 양상이 시작된다. 종교권력이나 사회의 자발적인 제도와 무관하게 법은 관습과 법률에 의해서 구성되며, 경제 · 정치 · 도덕적 요인들에 의해서 끊임없이 영향을 받으면서 형성된다. 법은 국가에 의해서 전적으로 제정되는 것이 아니다. 외부로부터 강요되는 것이 아니라, 사회와 사회구성원들의 공통된 감정과 의지에서 흘러나온다. 법률로 제정하기 위해서 반드시 의도하는 것이 아니지만, 관습이나 복종을 통해서 분명히 인식된다. 법은 소속된 사람들의 지지에 근거한다. 이를테면, 법은 사회구성원들의 생활조건들과 의식의 표현이라는 공통된 인식에 토대를 두고 있다. 이처럼 법은 사람들이 사회에서 살기 위해서 필요한 두 가지 요소를 표현하는 수단이기 때문에, 사람들은 법을 지지하는 것 이외의 다른 선택이 있을 수 없다.

  그렇다면 자연법의 이론으로서 법을 위한 새로운 구상이 뒤따르며, 그 이론은 지적인 설명과 현상을 인정하는 데서 출발한다. 기원전 4세기에 그리스에서, 기원전 1세기에 로마에서, 서기 16세기에 이탈리아에서, 17세기에 프랑스에서, 18세기에 영국과 독일에서 자연법에 대한 다양한 이론들이 정립됐다. 그러나, 우리가 자연법의 절정이라고 생각할 수 있는 시기는(인간은 전반적인 이론을 살필 수 있을 만큼 충분히 지적이기 때문에 자연법을 전체로 고려한다), 역설적으로 자연법이 쇠락기에 접어드는 시점과 일치한다. 그때는 인간이 자발적으로 법 안에 머무르기를 중단하는 시기다. 사람은 법의 외부에서 법을 생각한다. 그 순간 법은 사유와 해석의 객관적인 대상이 된다. 철학자는 법이 실제로 무엇을 의미하는지 이성적으로 설명한다. 그러기위해서 철학자들은 법에서 벗어나는 동시에 법의 자발성을 부인하지 않을 수 없다. 이것은 이성적으로 법을 조직하려는 법률가보다 순식간에 앞서게 된다. 그때 우리는 변천하는 법의 역사에서 세 번째 단계에 들어간다.

그때부터 법은 국가의 피조물이 된다. 우리는 나름대로 원칙을 세우고, 법의 등급을 결정하며, 세부적인 법률을 가다듬고, 점점 뚜렷해지는 법적 기술을 만들면서 법은 시간과 더불어 점점 자발성에서 멀어진다. 그 순간, 법은 경직되고 추상적인 기념물이 된다. 우리는 끊임없이 사회·정치적인 변화를 뒤쫓으며, 자의적인 기준에 의해서 법을 제정한다. 물론 기준은 크든작든 사회에 적용하는 것이다. 결국 법은 법률가의 전문적인 일이 되며, 국가에 의해서 인정받으면서 법적 권위를 부여받는다.

법적·사회적인 관점에서 이런 유형의 법 제정이 야기하는 심각한 결과에 대해서 곧 살펴보겠지만, 우선은 그것이 사회가 쇠락하는 단계와 일치한다는 사실에 우리는 주목한다. 다시 뒤로 돌아가거나, 법적 기술이 전면에 나선 이상 그 다음에 법의 새로운 자발성을 되찾는 것은 불가능한 일이다. 일단 시든 꽃은 처음의 신선함을 되찾을 수 없다. 다만, 시든 꽃을 회수한 정원사는 꽃씨를 이용해서 얼마든지 새롭게 꽃을 피울 수 있다. 그와 마찬가지로 사회도 전적인 개편이 이루어지면 새로운 문화를 다시 시작할 수 있고, 새로운 법을 만들 수 있다. 법의 변화는 역동적인 모든 사회에서 끊임없이 반복된다. 아즈텍의 경우에서 보았던 것처럼, 예기치 않았던 사고로 인해서 변화가 멈출 수 있다. 반면에 칼데아-아시리아의 법에서 볼 수 있었던 것처럼, 법의 변화에 오히려 가속도가 붙는 경우도 있다. 즉, 기술적인 법의 단계로 서둘러 옮겨가면서 칼데아-아시리아의 법에서는 자연법의 단계가 거의 나타나지 않았다. 각각의 법적 단계들이 지속되는 시간은 매우 다양하다. 예를 들면, 그리스가 로마 제국에 함락되었기 때문에 그리스 법의 경우는 3단계의 기간이 매우 짧았다. 반면에 비잔틴의 경우에는 특별한 이유없이 3 단계의 법이 절대적으로 존중되면서 그 기간이 매우 길었지만, 전반적으로 볼 때 법의 변화는 일정한 도식과 같아서 어떤 경우에도 부인할 수 없는 역사적 사실이다. 결국 이것은, 법이 변화하는 과정들 가운데 존재하는 한 단계로 자연법을 생각할 수 있게 할 뿐 아니라, 우리가 자연법의 이론이라고 부르는 것을 보다 분명하게 정의할 수 있게 한다.

2. 자연법의 여러 이론들

　자연법의 이론에 대해서 완전한 목록을 짜는 작업은 사실상 중요하지 않을 수 있다. 그보다 우리는 자연법 이론들이 제시하는 의미있는 방향들을 개략적으로 지적하는데 만족해야 한다. 물론 이는 상대적인 가치를 지닐 뿐이며, 법철학이나 법을 연구하는 모든 안내서에 이미 법체계에 대해서 충분히 설명하고 있다. 다만 우리는 그것들 가운데 우리의 연구목적에 유용한 것들만 선택하겠다.

　그전에 우리는 한 가지 사실에 먼저 주목한다. 우리가 최근에 말했던 대로, 자연법의 이론들은 자의적인 창조가 아니며 완전히 합리적이지도 않다. 자연법은 절대적인 지식을 추구하는 것이 아니며, 지적 수단에 전적으로 종속되는 철학 체계도 아니다. 그런 주장은 사실상 자연법의 이론들이 모든 시대에 유효하며, 지식 수단의 발전에 따라서 완전해질 수 있다는 사실을 섣불리 전제하는 것이다. 만약에 그것이 사실이라면 자연법의 이론들은 두 가지 특성을 나타낼 수 있을 것이다. 즉, 자연법의 이론들은 무엇보다 추상적인 '절대법'을 알기 위해서 노력할 것이다. 결론적으로 그런 이론들은 다양한 형식들을 취할망정, 철학처럼 인간의 정신세계에 대해서 영원한 대상이 돼야 한다. 그러나, 자연법의 이론들은 그렇지 않다.

　첫 번째 요소로서, 자연법의 어떤 이론들이 '법'의 본질을 발견했다고 주장했던 것을 우리는 잘 알고 있다. 그러나, 그것은 사실상 철학자들이나 신학자들의 학문적인 이론일 뿐이며, 법의 관점에서 볼 때 중요한 이론들이 아니다. 물론 그럼에도 불구하고 우리는 자연법에 관한 많은 이론들이 나름의 법적 가치를 지닌다는 주장을 인정해야 한다.

스토아 철학자들은 법의 관념적 이론을 내세운다. 그러나, 그들의 주장은 이미 법의 기술 단계에 진입했던 그리스 법에 대해서 전혀 영향력을 지니지 못했으며, 로마 법에 대해서도 거의 효과가 없었다. 그렇지만 사람들은 키케로에게서 확인할 수 있었던 것처럼, 로마법에 대한 스토아 철학자들의 영향력을 지나치게 과장했다. 키케로가 뛰어난 웅변가였을망정, 그의 글들을 통해서 우리가 어렵잖게 알 수 있듯이 키케로는 엄밀히 말해서 법률가가 아니다. 법률가들이 스토아 철학자들에게서 많은 용어들을 인용했지만 사실상 다른 의미에서 사용했을 뿐 아니라, 자연법에 대한 법률가들의 생각은 철학자들과 분명히 달랐다.

토마스 아퀴나스의 이론과 더불어 이같은 사실은 더욱 뚜렷해진다. 그 전에 아우구스티누스의 이론은 로마 법의 고도의 전문성과 게르만의 침입이라는 결정적인 두 사건을 통해서 사실상 역사의 뒷전으로 사라졌다. 반면에 토마스의 이론을 통해서 우리는 교회의 권위를 '최고 재판소'로 인정하는 사회에서 교회의 박사가 제시하는 이론과 직면한다. 그러나, 사실상 토마스의 이론은 법적인 중요성을 지니지 못한다. 그의 이론에는 법의 변화, 법의 해석, 관습의 생성이 전혀 고려되지 않기 때문이다. 심지어 우리는 토마스의 이론이 수학 이론에 비해서 보다 많은 법적 효과를 지닌다고 말할 수 조차 없을 것이다. 우리가 토마스의 이론을 통해서 자연법의 연구에서 적용할 수 있는 범위는 고작해야 교회법의 좁은 영역에 한정될 뿐이다.

칼뱅의 자연법 이론도 상황은 마찬가지다. 칼뱅의 국가론이 지니는 미미한 영향력만큼이나 자연법에 대한 그의 이론은 사실상 사문화되었다. 칼뱅의 자연법 이론은 법과 실제적인 관련이 없으며, 자연법에 대한 새로운 설명이나 해석이 아니라 새로운 지적 창조에 지나지 않기 때문이다.

실제로 가치있는 자연법의 이론들 가운데 어떤 것도 자연법이 절대법의 위치에 도달했다고 주장하지 않았다. 보다 유용하다고 판단되는 어떤 형식이나 법의 일반적인 성격, 또는 보다 완성된 법의 표현방식을 자연법 이론에 담고있다고 주장할 뿐이다. 자연법 이론가들은 법이 형성되는 방식에 대해서 설명했다고 주장했고, 그로부터 가치있는 법적 결론을 원했다. 이것이 영향력이 있는 자연법의 유일한 이론이다.

그것은 우리를 두 번째 단계로 이끈다. 다시 말해, 자연법의 유용한 이론들은 역사의 어떤 시점이든 상관없이 아무 때나 등장하는 것이 아니다. 자연법의 이론들은 그런 법을 요구하는 역사의 특별한 시점에 종속되기 때문이다. 1200년에 걸친 로마 법의 오랜 역사에서 자연법의 유용하고 효과적인 이론들이 등장했던 시기는 키케로부터 파피니우스까지, 다시 말해 기원전 1세기부터 서기 2세기까지의 짧은 시기에 지나지 않는다. 다음 세대의 법률가들은 이전에 존재했던 이론들을 재생산하거나 혼용했을 뿐이며, 그것은 더 이상 진지한 법적 효과를 지니지 못한다. 마찬가지로, 약 1500년에 걸친 서양 법의 역사에서 자연법의 이론들은 매우 제한되었다. 우리는 소수의 국가들로 제한된 서양 법의 역사를 지적했었다. 물론 19세기의 프랑스 법률가들을 예로 든다면 그들은 분명히 자연법의 신봉자들이었으며, 오늘날에도 여전히 자연법의 지지자들이 존재한다. 그러나, 자연법에 대한 그들의 태도는 생존을 위한 법적인 '부속 현상'으로 설명될 수 있을 뿐이다.

그들은 현실의 법적 상황들을 제대로 깨닫지 못했기 때문에[21], 그들의 이론들은 더 이상 법적인 현상들의 중심에 서지 못했다.

우리는 자연법의 철학적 이론들과 법적 이론들 사이에서 핵심적인 구별을 시도했다. 그렇다면, 그것들의 중요한 양상은 무엇인가?

철학 체계들 가운데 우리는 스토아 철학과 스콜라 철학의 두 체계의 차이를 개략적으로 살펴보겠다.

스토아 철학자들의 자연법은 본질적으로 규범적이며 이상적이다. 그들에게 자연법은 실정법을 위한 모형이자 목적의 구실을 하기 때문이다. 따라서 그들에게 자연법은 가장 이상적인 법으로, 영원하며 시간과 공간에 따라 변하지 않는다. 그것은 본성에 새겨진 완전한 이성으로서, 인간의 본성 뿐 아니라 자연의 본성에 관여하기 때문에 자연법은 우주적인 개념을 지닌다. 이성과 일치하므로 인간의 이성은 자연법을 즉각적으로 이해할 수 있으며, 구체적으로 만들 수 있다. 이런 관점에서 살펴보면 법은 본성에 대한 인간의 이해에 종속되기 때문에 국가가 제도로 제정한 산물이 아니라, 개인들의 끊임없는 창조의 결실이다. 이처럼 개인들이 자연법을 본성으로 파악할 수 있다면, 결국 자연법을 인정하기 위해서 국가가 나설 필요가 없다는 결론이 도출된다.

스콜라 철학자들에게 자연법은 인간의 본성에 속한다. 자연법은 인간의 마음에 새겨져 있으며, 선을 행하게 하고 악을 금지시키는 원칙

---

21) 여기에 속하는 법률가들은 자연법의 창조적인 역할보다는 일반법의 실증주의에 대해서 비판적인 역할을 담당했다. 제니(Gény)의 『실정법에서 기술과 학문』*Science et technique en droit privé positif*율 참고하라

에서 모든 것이 파생된다. 자연법은 세상에 존재하는 여러 법들 안에서 정의와 불의를 명백히 구별하기 위한 일종의 판단기준이다. 정의로운 것은 다름아닌, 하나님이 인간의 마음에 기록하신 이 법에 일치해야 하며, 다음과 같은 본질적인 원칙들 안에서 설명될 수 있어야 한다. 즉, 정의의 두 가지 모습들인 '각자에게 자기 몫을*suum cuique tribuere*과, 좋은 때에 공급을*neminem laedere*' 이라는 기본 원칙들이다. 이처럼 정의는 인간의 본성에 밀접하게 연결되었다. 따라서 인간은 정의로운 것들을 스스로 발견할 수 있으며, 세상에서 실제로 정의를 실현할 수 있다. 왜냐하면 인간은 죄로 인해서 완전히 타락한 존재가 아니며, 진리의 단편들이 여전히 남아있기 때문이다. 인간의 마음에 새겨진 자연법은 거룩한 법의 반영이며, 사회의 지도자들에 의해서 결정되는 '공동선' 을 우리가 법의 목적으로 인정하게 만든다.

지금 말한 두 체계는 분명히 부분적인 불일치가 있지만 우리가 보기에 전형적인 것처럼 보인다. 분명히 대립되는 부분이 있고, 또한 다른 형식들을 취하지만 두 철학체계는 모든 철학과 신학 체계들의 근본개념이 돼야 하는 자연법의 개념을 제시하기 때문이다. 자연법은 두 가지 방식으로 설명된다. 우선, 자연법은 근본적으로 도덕을 강조하는 이상적인 법이라는 주장이다. 만약에 자연법이 제대로 실행된다면 우리는 황금시대를 맞을 수 있을 것이다. 그런 의미에서 실정법은 이상적인 자연법을 가장 충실하게 현실에 맞춰 재구성한 것 외의 다른 것이 아니다. 따라서 실정법은 사회 · 경제적인 상황과 사실의 우연성에 지나치게 연연하지 말아야 하며, 자연법에 점점 가까이 다가서는 절대성을 자신의 법 안에 포함시켜야 한다. 왜냐하면, 자연법은 자신의 절대적인 특성으로 인해서 변하지 않기 때문에 법의 모든 역사는 언제나 동일한 자연법을 해석하려는 시도와 동반하는 역사가 돼야 하기 때문이다. 그렇다면 자연법은 결국 정의의 기준이 되는 것이다. 즉, 완전한 정의와 자연법 사이에 구별이 없다. 인간의 정의는 자연법에 부합하며, 자연법은 완전한 법에 부응한다. 따라서 우리는 정의와 불의를 판단하는 기준으로 자연법을 적용해야 할 것이다.

＊　＊　＊

나중에 밝히겠지만, 그것은 우리에게 철학 체계와 법 체계 사이에 중대한 간격이 있다는 사실을 일깨워준다. 덧붙여 우리는 로마법과 '계몽주의' 법의 두 체계의 '사실들' 에 대해서 개략적으로 지적하겠다.

로마의 법률가들에게 자연법은 자연과 본성에 주어진 것으로, 때로는 생명력을 지닌 모든 자연에, 때로는 인간의 본성에 속한다. 전자의 경우에그것은 뒤늦게 로마의 자연법과 만민법을 구별한 해석이다, 자연법은 인간과 관계의 질서 안에서 살고있는 모든 동물들에게 공통된 것들을 포함한다. 예를 들면 성적인 관계로서 결혼이나 출산으로서 가정이 있다. 이처럼 자연법은 인간의 생활이 사회성을 지니기 위한 최소한의 공통점이 될 것이다. 이것은 우리가 후자의 경우에서 보는 것과 정확히 일치하는 생각이지만, 전자는 보다 광범위하고 보다 풍부하다. 자연법은 결국 모든 사람들에게 공통적으로 주어지는 자연적인 조건이다. 사회가 유지되기 위해서는 적절한 제도가 필요하다. 이런 제도들은 모든 인간의 본성 안에 내재하기 때문에 동일하며, 그것들이 결국 법의 기초가 된다. 법은 다양한 방식으로 표현되고 다른 형식들을 부여받기도 한다. 또한 법은 일시적이고 부수적인 규칙들을 통해서 보충되지만 심각한

교란이 없다면 본질적인 면에서 달라지지 않는다. 그때 실정법은 어떤 일정한 시점에서 자연법에 가까이 관여하면서, 자연법을 해석하는 가장 합당한 표현이 된다. 즉, "법은 선善과 형평의 기술^{téchnique}이다." 다시 말해 법은 모든 사람들에게 공통적인 어떤 개념을 표현하기 위해서 가장 효과적이고 정당한 적용을 발견하는 기술이다. 이런 적용 과정은 로마의 법률가들이 라티오^{ratio, 22)}라고 불렀던, 분명하고 결정적인 추론양식에 따라 이루어진다. 결국 자연법은 가정이나 소유, 또는 절도나 살인을 금지하는 규범같은 사회제도들을 포함한다. 자연법은 그 자체로 정의가 아니며, 정의는 일종의 이중적인 관계로 나타난다. 이를테면, 하나는 자연법과 자연법이 법적 형식을 취하게 만드는 실제 배경 사이의 관계이며, 다른 하나는 실정법과 특정한 사람의 행동 사이의 관계이다.

계몽주의 시대에 자연법은 본질적으로 이성에 일치한다. 스콜라 철학자들에게서 보듯, 이성은 더 이상 자연법을 발견하는 하나의 수단으로 등장하는 것이 아니라, 자연법의 표현 자체로 나타난다. 결론적으로 말해서 법의 영역에서 이성에 부합하는 것 뿐 아니라, 이성에 부응하는 모든 것들이 자연법을 구성한다. 자연법은 관념적이고 이상적인 법이 아니라, 자율적 이성의 산물이다. 우리가 자연법 연구를 시작하기 위해서 기초로 세우는 원칙들은 다양할 수 있다. 그것들은 이성이라는 본성적 여건, 다시 말해 모든 사람들에게 공통적인 사실들로부터 출발하는 공통점을 지니고 있다. 또한, 자연법의 구성원칙들은 그때 제시되는 다

---

22) 역주: 이성과 다른 개념이다. 라티오는 '사유하고 계량한다' 는 뜻의 라틴어로, 그리스어 누스(nous:정신)과 로고스(logos:이치)의 번역어다. 그러나 다의적이어서 하나의 개념으로 정의할 수 없다. 일반적인 의미로는 '추론', 또는 추론할 수 있는 '근거' 로 번역할 수 있다.

양한 법적 체계들 사이에서 시금석의 구실을 할 수 있다. 많은 체계들 가운데 하나의 정당한 법 체계를 규정짓는 기준은 이성의 합리적인 특성과 대부분의 불합리한 전제들을 엄격히 구별하는 것이다. 그것은 우리가 17세기에 이탈리아의 비코Vico에게서 발견한 것으로, 17세기에 프랑스에서도 어렵잖게 발견할 수 있고, 18세기에는 홉스, 루소 등과 더불어 그로티우스 이후에 유럽 전체로 퍼져나갔다. 이성에 의존하는 법 체계는 인간의 권리와 더불어 절정에 달했다. '혁명'이 이성의 여신을 숭배하게 되는 배경은 저절로 생긴 것이 아니다. 국가의 권위를 세운 것도 이성이며, 자연법 뿐 아니라 모든 법은 결국 이성에 근거한다. 따라서, 이성에서 비롯된 법은 개인주의와 평등주의에 지대한 영향을 미쳤다.23) 이성은 추상적인 정의를 의미하지 않으며, 이성과 분리될 수 없는 제도들 안에 구체적으로 새겨진 정의일 뿐이다. 결국 법의 철학적 원리는 정의가 아니라 이성이다.

이처럼 자연법은 철학자들이 제시한 특성들과 근본적으로 다른 두 가지 특성을 포함한다. 무엇보다 자연법은 도덕적 이상이 아니라 법적 사실이다. 자연법을 통해서 우리가 추구하는 것은 황금시대가 아니라, 우리가 끊임없이 지향하는 세상법의 모형이다. 그것은 사유가 아니라 현실이다. 이상적인 모습이 있을망정 계몽주의 시대의 자연법도 사정은 다르지 않다.

또한 자연법은 정의의 한 가지 기준이 아니라, 이름을 붙일 수 있고 설명할 수 있으며 범위를 한정할 수 있는 제도와 규범의 전체이다. 이렇게 우리는 법적 적용에 보다 가까이 다가서며, 어디에서도 찾을 수

___

23) 그들에게 이성은 모든 사람들이 공통적으로 의식하는 공동선이기 때문이다

없는 절대성을 극복하면서 구체적인 법의 영역에 자리잡는다. 자연법의 이론들은 매우 다양하지만, 그 안에 현실을 이해하는 기준이 되는 일종의 공통점이 있다. 이제부터 우리는 이 현실에 대해서 말하고자 한다.

3. 자연법의 존재

우리는 오랫동안 자연법을 비판하면서, 자연법은 구체적인 사실이 아니라 정신의 창조일 뿐이라고 주장했다. 그리고, 자연법의 원리를 제대로 설명하지 못하면서 공통된 어떤 원리가 있다고 믿는 것은 명백한 오류라고 말했다. 덧붙여 우리는 자연법 이론들의 수많은 불일치를 강조했다. 이런 비판에 대답하기 위해서 '다양한 내용을 지닌 자연법'이라는 새로운 이론까지 창조했다.24) 자연법의 내용은 본질적인 것이 아니기 때문에 시대에 따라 변할 수 있지만, 일정한 시점에서 실정법의 기초가 될 수 있는 일관성이 부족하지 않다는 주장이다.

사회학자들은 원시 사회의 법제 안에 공통된 규칙들이 존재하지 않는다고 주장하면서, 그것들에 상응하는 인간의 본성도 존재하지 않는다고 말했다. 반면에 철학자들은 자연에는 구별되지 않고 한정되지 않는 무엇이 반드시 존재한다고 생각했다. "자연의 질서는 결국 자연의 법칙들에 종속하는 질서인가? 그것은 창조주 하나님의 뜻에 일치한다고 우리가 가정하는 원시 사회의 정당한 질서인가? 또는, 성장의 변화가 끝나고 앞날의 황금시대를 실현해야 하는 미래 사회들의 질서인가? 아니면, 그것은 인간의 본성에 관한 법칙들인가? 각각의 사람들이 지니는 열망과 가능성이 서로 다른데, 이같은 본성의 본질에 대해서 누가 뚜렷히 정의할 수 있는가? 본성은 본능에 의해서…, 이성에 의해서…,

---

24) 샤르몽(Charmont)은 『자연법의 부활』*La renaisance du droit naturel*에서, 자연법은 '멋진 상표를 붙인 빈 병'이라고 말했다. 뒤이어 르나르(Renard)는 『법, 질서와 이성』 *Le droit, l'ordre et la raison*에서 샤르몽의 주장을 ' 변화하는 내용을 지닌 자연법 '의 개념으로 대체했다.

의식에 의해서…. 등등에 의해서 파악할 수 있는가?"25) 결국 개혁주의
신학자들은 자연법의 선험적 존재를 전적으로 부인하면서, 본성의 법
이 아닌 하나님의 법인 완전한 법이 존재할 뿐이라고 말했다.26) 이에
대해서는 나중에 다시 살펴보겠다.

자연법에 대한 숱한 비판들을 알고있고 또한 인정하지만, 우리는 이
런 논쟁들과 문제점들 안에서도 반론의 여지가 없는 세 가지 사실이 있
다는 것을 인정하지 않을 수 없다.

1) **법**은 존재한다. 다시 말해, 사회생활의 어떤 시대에서도 인간은 서
로의 관계를 설정할 수 있는 일종의 규칙을 만들 수 있다. 이 규칙은 공
적인 인정이 뒤따르며, 개인의 권한을 멀찌감치 앞선다. 법이 없는 사
회는 절대로 존재할 수 없으며, 인간의 법은 서로 다른 사회들 사이에
서도 유사한 특성을 지닌다. 예를 들면 공통된 특징으로서 법은, 공적
인 인정과 구성원들의 자발적인 복종, 사회의 기본적인 조건들과 유기
적인 관계, 사람과 집단 사이의 관계의 설정 등이 있다. 공통된 법의 대
상들과 법적 수단들은 사실상 모든 장소와 시대에 동일하게 존재하며,
우리는 그것들을 중요한 사실로 주의깊게 연구해야 한다. 인간은 자신
이 살고있는 사회를 유익하게 조직할 수 있을 뿐 아니라, 인간이 자체
적으로 발견할 수 없는 중요한 가치를 사회조직에 부여할 수 있다.27)
결국 인간은 어떤 상황에서도 결코 부정할 수 없는 법적인 동일성을 확
인하면서, 이같은 창조물 안에 존재하는 분명한 가치에 복종한다.

---

25) 코노르(Conord), 『기독교 사회학』*Sociologie chrétienne*, 56쪽

26) 비세르 후프(Visser't Hooft,) '자연법인가, 완전한 법인가?', Correspondance 1943 년 1
   월호, 81쪽.

27) 원시 문명에서 볼 수 있는 법의 종교적 특성을 생각하라. 사람이 법에 이런 특성을
   부여한 것이 아니다

2) 법의 내용은 어디에서나 근본적으로 동일하다. 물론, 대상과 수단의 동일성에 대해서는 사실상 논란이 없었지만, 내용의 동일성에 대해서는 19세기말부터 시작해서 1930년경까지 전반적으로 부정되었다는 사실을 우리는 이미 알고 있다. 그러나, 내용의 동일성에 대한 부정은 법사학자들이 아니라 사회학자들이 주도했다는 사실에 주목해야 한다. 더욱이, 부정의 확신에 가득찼던 사회학자들의 어조는 1930년대부터 크게 누그러졌다. 그들의 연구는 원시인들의 폐쇄적인 사회구조에 매달렸고, 법의 내용이 본질적으로 다르다는 그들의 확신 또한 예외적이고 지엽적인 현상에 근거했다.

우리가 전형적인 원시 단계에서 벗어나는 순간, 다시 말해 사회적 금기나 족장의 명령 외에 다른 법을 전혀 모르는 원시시대에서 벗어나는 순간부터 상황은 크게 달라진다. 즉, 사회가 조직되고 종교적인 법이 나타나는 시점부터 우리는 이전과 완전히 다른 독창적인 법을 발견한다. 그리고 그 법은 공통적인 유형에 끊임없이 가까이 다가서는 경향이 있다. 이런 공통된 법의 유형은 갑자기 나타난 것이 아니라, 법이 세속화되고 우리가 '자연법의 단계' 라고 불렀던 과정에 들어갈 때 이미 '존재하고 있는' 것이다.

법이 실제로 구상되면서 진정한 여과가 일어난다. 그때 개별사회의 비정상적인 규칙들은 서서히 사라지고, 모든 법들은 점점 유사한 내용을 취하는 공통점을 지니게 된다. 다른 사회의 법들 안에서 우리는 일반적으로 다음과 같은 공통된 법적 사실들을 발견할 수 있다. 즉, 모든 사회에는 결혼과 관련된 규칙들간음에 대해 사형에 처하는 것과 같은과 가부

장제도, 노예제도, 소유권, 살인과 절도, 계약와 저당에 관한 일반적인 규칙들이 있다. 그것들은 기술적으로는 서로 일치하지 않지만, 제도와 법적인 현실에서 매우 유사한 공통점을 지니고 있다. 이처럼, 고유한 의미에서 법이 존재하는 순간부터 이 법은 모든 구성원들에게 본질적으로 공통적인 내용을 담고 있다. 그것은 단순한 모방에 의해서도, 문화적 상호침투에 의해서도 충분히 설명되지 않는다. 또한, 정부의 전제적인 결정에 의해서도, 외적인 경제조건에 의해서도 간단히 설명되지 않는다. 법의 내용이 담고있는 본질적인 동일성은 지속적인 변화의 산물이며, 우리가 결코 부인할 수 없는 역사적 사실이다. 요컨대, 문화의 변화가 지속되면 될수록 법의 통합이 강하게 이루어진다.

여러 나라들에서 보듯이, 법이 완전히 기술적인 단계에 접어들면서 곳곳에서 기술적으로 가장 발전한 법이 나타난다. 예컨대 로마법의 경우가 전형이다. 일본이나 터어키등 여러 나라에서 차용한 프랑스 시민헌장도 마찬가지 경우였다. 그러나 완전히 기술적인 법 체계 안에서는 법과 불법에 대한 기준이 임의로 정해질 수 있다. 즉, 나치는 독일 국민의 이익에 부합한 것이 곧 정의라고 자신있게 말할 것이다. 반면에 공산주의는 프롤레타리아의 이익에 부합한 것이 정의라고 말할 것이다. 이처럼, 완전히 기술적인 법 안에서는 사살상 법에서 벗어난 외적인 기준이 중요하다. 나중에 다시 살펴보겠지만, 이런 주장은 자연법을 부정하는 섣부른 결론에 이른다.

3) 세 번째는, 법의 제정에 있어서 국가의 자의적인 창조나 사회·경제적인 조건들에 의한 자동적인 창조가 있을 수 없다는 것이다. 만약에 그런 일이 가능하다면, 우리는 법에 관해서 방법과 대상의 동일성을 찾

을 수 없을 것이다. 물론, 우리가 확인했던 내용들 가운데 어떤 동일성을 발견한다는 것도 본질상 불가능한 일이다. 예컨대, 경제·사회적인 조건들은 나라마다, 그리고 시대마다 근본적으로 다르기 때문이다. 이 주제에 대해서 서기 2세기에 '모세의 율법과 로마법의 비교'*collatio Mosaïcarum*과 *Romanarum*라는 흥미로운 연구가 있었다. 기원전 5-6세기의 히브리법과 서기 2세기의 로마법 사이의 근본적인 유사성을 파헤친 비교연구였다. 사실상 두 나라 사이에는 사회적 동일성이 전혀 없었기 때문에, 그것을 통해서 두 법이 지니는 명백한 유사성을 설명할 수 없었다. 그럼에도 불구하고, 전혀 동질성이 없는 두 나라 사이에서 뚜렷히 나타나는 법적인 일치는 어떻게 설명해야 하는가.

정치·경제적인 사실들이 주는 영향력은 절대로 부인할 수 없다. 법은 분명히 그런 사실들과 더불어 변화한다. 나아가 우리는 법에 대해서 사회적 조건들의 산물이라고 말할 수 있을 것이다. 그러나, 법은 사회적 조건에서만 파생되는 '순수한' 산물이 아니다. 법은 구상構想의 산물이며, 구상의 요인은 인간이다. 사회적 조건들에서 파생되는 제반 규범들을 판별하는 것은 인간이며, 법을 위해서 사회적 여건들을 변화시킬 수 있는 것도 인간이다. 따라서, 자발적으로 법 체계를 구성하는 것도 인간이다. 그런데, 인간은 처음부터 명시적이거나 이론적인 원칙들에 의거해서 법을 만드는 것이 아니다. 법을 구상하면서 인간은 모든 사람들에게 공통적인 '어떤' 원칙들에서 출발한다. 우리가 이런 사실을 인정할 수 있을 때 비로서 우리는 앞에서 언급했던 법의 유사성에 대해서 분명히 설명할 수 있다. 만약에 정의에 대한 인간의 공통된 개념이 없다면 어떻게 우리가 원시시대의 모든 법들 안에서 계약이나 저당처럼 복잡한 법적 현상들을 발견한다는 사실을 이해할 수 있는가. 다시 말해 계약이나 저당은 사회적인 '공통의 척도'와, 부담의 주관적인 동치同値에 대한 상호 인정에 근거한다. 만약에 이런 공통된 의식이 없다면 우리는 법의 가장 중요한 내용이 결국은 정의라고 주장할 수 없을 것이다. 물론 우리는 여기에서도 사회학자들이 제기하는 논쟁을 피할 수 없을 것이다. 그러나 논란을 부추기는 사회학자들은 사실상 법에 대해서 뿐만 아니라 법의 역사에 대해서도 충분한 지식이 없었다. 오늘날 그들은 이전같은 권위를 지니지 못하며, 그들의 일방적인 주장은 끊임없이 문제를 일으키고 있다.

자연법의 충실한 이론을 구성하기에 결코 충분하지 않지만, 지금 말한 세 가지 내용들은 법 이론의 기본적인 요소들로 받아들여져야 한다.

4. 자연법의 부정否定에 대해서

우리가 보았던 것처럼, 법의 역사를 살펴보면 어떤 시기에 자연법에 대해서 분명한 거부현상이 있었다. 사실은 오늘날 우리가 정확히 그런 시대에 살고 있다. 자연법의 부정과 관련된 사실들을 구별하는 작업은 어떤 경우이든 쉬운 일이 아니지만, 부정의 결과가결과이든 공존하는 사실이든 무엇일까? 그것은 우리가 이미 말했던 것처럼, 때로는 오늘날처럼 명시적이고 때로는 로마 시대의 말기처럼 암시적일 수 있다.

1) 정의에 대한 분명한 감정이나 사유가 법의 기준이 되지 못하고, 법은 단순히 기술적인 규칙들의 조합에 지나지 않을 것이다. 그렇다면 법에 더 이상 규범적 요인이 존재하지 않으며, 법은 단순한 숙련과 수학 놀이에 지나지 않는다. 법은 정의와 상관이 없으며, 사회의 즉각적인 요구에 종속될 뿐이다.28) 재판관들에 의한 법의 적용은 점점 공격적으로 다가오는 규칙들에 대한 단순한 논리적 추론에 지나지 않는다. 그때 우리는 모든 상황을 법의 규제 안에서 예상하고, 법을 제정하면서 무의미해진 인격적 요인들을 주저없이 배제한다. 로마인들이 '법의 극치, 불법의 극치' *summum jus, summa in juria*라고 말할 때 그들은 이런 사실을 이미 알고있었다. 이를테면 법이 다만 기술적이 되고, 지나치게 철저해지고, 사회의 모든 여건들을 포함하려 들면서 법에 더 이상 정의를 위한 공간이 없을 때, 사람들은 정반대로 법 자체에 반발한다. 사람들이 법

---

28) 법의 기술적인 단계에 해당하는 자연법의 부정은 규범학파에게는 법의 이상적인 단계이다. 그들은 극단까지 나가서, 영국의 공리주의 학파와 프랑스의 실증주의 학파와 같은 성격을 지닌다. 이들 세 학파는 나름대로 어떤 역사적 상황에 부응하면서 보편적 가치를 지닌 법을 만들려는 그들의 의도에도 불구하고 우리가 텍스트에서 지적했던 것과 같이 매우 심각한 결과를 초래한다

적 기술의 지속적인 증식을 통해서 더 나은 것을 기대하면서 인간적인, 또는 자연적인 균형추를 상실할 때 법은 보편적 가치를 상실하기 시작한다. 그리고, 법적인 기술이 조종요소로서 기능을 잃을 때 마침내 법에 대한 전면적인 부정이 일어난다. 그때 법적인 기술은 다른 모든 기술들과 마찬가지로 맹목적이 된다. 즉, 법적 기술은 정당하게 대처할 수 있는 정상적인 범위를 넘어서, 이성이 갈 수 있는 곳까지 거침없이 나아간다. 그리고 정의와 상관없이 유용성이 있는 곳이라면 어디든지 법의 적용을 시도한다. 그것은 논리적이지만 질서가 없으며, 체계적이지만 맹목적이다. 요컨대 그것은 물질적인 모든 요구에 부합하기를 원하지만 가장 중요한 정의에 일치하지 않는다.

2) 그때부터 법적 기술은 권력을 장악한 사람들의 손에 달려있다. 비잔틴 제국에서 그랬던 것처럼, 법의 기술적인 상황은 사회적인 결정에 의해서 오랫동안 지속될 수 있다. 동시에 그 법은 정의와 상관없는 어떤 권력에 의해서 제멋대로 남용될 수 있다. 그때부터, 우리는 가치중립인 기술에 목적을 부여하며, 정의와 자연법을 대체하는 자의적이고 일시적인 기준에 따라서 법을 적용시킨다. 이것은 우리가 나치와 공산주의를 말하면서 앞에서 언급했던 내용과 같다. 자연법을 근원적으로 부정하고, 정의에 대한 개념이 기술적 개념에 자리를 넘길 때 이런 일이 일어난다. 그 순간에 모든 것은 사실상 법과 전혀 상관이 없다. 그것은 가장 강력한 권력을 지지하기 위한 정치적 규범일 뿐이며, 법 체계에 새로운 기준을 부여하면서 '법에 의해서' 강한 권력이 정당화된다. 이런 현상은 국가가 법에 지나치게 개입할 때 나타난다.

3) 자연법이 존속하는 한 법에 대한 국가의 역할은 제한적이다. 세상

의 법은 사회의 제반 조건에 따른 자발적인 산물로 나타난다. 무엇보다 국가는 법을 인정하는 권력으로서 이중적 의미를 지닌다. 한편으로 국가는 여러 규칙들 가운데 무엇이 법이고 무엇이 법이 아닌지 결정하는 권력이며, 다른 한편으로 법을 승인하며 승인한 대로 법을 적용시키는 권력이다. 만약 국가가 정의에 대한 공동 의식에 부합하지 않거나 필요하지 않은 법을 제정하려고 시도한다면 사회가 이에 대해서 저항하고 거부할 것이라고 생각한다. 그러나, 자연법이 없다면 국가는 자유의 손을 지니게 된다. 법의 제정과 적용에 국가는 제약이 없으며, 법률가들과 더불어 기술적인 생산 요인들 가운데 가장 중요한 하나가 될 것이다. 법률가들이 순수하게 기술적인 법을 만드는 반면에 국가는 자신의 유익을 위해서 법을 만든다. 국가는 법을 제정하는 유일한 요인인 동시에 법적 가치의 유일한 근거로서 국가의 이성을 사회의 모든 분야에서 가장 우월한 가치로 인정한다. 국가는 더 이상 법률에 의해서 자신의 행동을 평가받지 않으며, 법률의 심판관인 동시에 자신의 의지에 따라 법을 제정하는 법의 창조자가 된다. 부정에 의해서 자연법이 사라지면서 나타나는 분명한 징후들 가운데 하나가 바로 이런 논쟁이다. 사회생활의 어떤 시점에서 우리는 이런 문제들이 제기되는 것을 본다. "국가의 주권은 법률에 종속되는가?" 이런 문제가 제기될 때 우리는 자연법이 이미 부정되었거나 머잖아 부정되면서 합목적성으로 국가의 이성이 법의 제정을 결정짓는다고 생각한다.

지금까지 우리가 전반적으로 살펴보았던 내용들을 종합하면, 결국 법은 자발적으로 구성되기 때문에 의식적인 목적이 없으며, 법을 벗어나서 반드시 실현해야 하는 이상이 없다는 주장이다. 그러나 법은 정치·사회적인 상황에서 비롯되며, 어떤 정의의 개념 안에서 형식을 취

한다. 우리는 법 안에서 정의의 개념을 확인해야 하며, 정의의 공통적인 인식이 대부분의 경우에 법을 결정한다. 정의의 기준이 사라지면 법은 외부에서 새로운 목적을 찾게 된다. 때로는 국가의 이성에서, 때로는 이전과 다른 새로운 정의의 기준에서, 때로는 자연법의 철학적 이론 안에서 존재이유를 찾지만, 엄밀히 말해서 이것들은 법에서 벗어난 외부 요소들에 지나지 않는다.

4) 자연법의 부정이 야기하는 또다른 결론은, 사람들이 더 이상 법을 주의깊게 관찰하거나 존중하지 않는다는 것이다. 원시사회의 '보통 사람' homme moyen이 법에 대해서 알고있는 모든 것은 사실상 자신의 종교적 특성이며, 그의 종교적 감정이 법의 기초를 세운다. 왜냐하면, 모든 사람에게 공통적인 종교적 감정은 논란의 여지가 없으며, 법에 특별한 권위를 부여하기 때문이다. 반면에 보다 진보한 사회에서 법은 고유한 경험을 갖는다. 그 사회의 '보통 사람'이 법에 대해서 알고있는 것은 결국 그가 생각하는 정의에 대한 동일한 감정이다.29) 이 감정은 거의 모든 사람들에게 공통적이면서 논란이 없기 때문에, 그 사회에서 법의 권위는 정의에 대한 '보통 사람'의 공통된 감정에 근거한다. 이는, 정의의 공통된 감정이 사실상 법을 만들기 위해서 사회적 조건을 형성하는 실제적인 도구가 되기 때문이다. 또한, 일치된 감정의 공유가 있기 때문에 사람들은 결정된 법에 기꺼이 연대하고 복종하기 때문이다. 이처럼 법은 사람들과 더불어 공동기준을 소유하며, 정당한 기원을 통해서 인정받는 특별한 권위를 지니게 되는 것이다.

---

29) 이렇게 말하지만, 우리는 이 감정이 본성에 내재하거나, 교육으로 형성되거나, 사회적 편견의 상태로 존재하거나, 물질적인 생활조건에서 파생되는지 구체적으로 단정지을 수 없다. 우리는 단순히 공통된 감정의 존재만을 확인할 수 있을 뿐이다. 정의의 공통된 감정에 대해서 보다 정확하게 알기를 원하면, 르 피르(Le Fur)와 E 레비(E. Lévyd)의 공저인 『법의 기초들』*Les fondements du droits*을 참고하라.

법이 기술적인 면에 치우치고 국가 이성을 표현하는 특별한 수단이 되면 무슨 일이 일어나는가? 정의에 대해서 자신의 분명한 감정을 가진 사람도 이런 종류의 법에서는 더 이상 자신의 감정을 주장할 수 없다. 이런 경우에는 인간과 법 사이에서, 그리고 인간과 인간이 법을 사용한다는 사실 사이에서 '공통 척도'가 존재하지 않는다. 법을 통해서 어떤 대상을 만드는 이성이 존재하지만, 법과 대상 사이에 진정한 일치가 없다. 보통 사람이 법의 세계에 충분히 발을 담그지 못한다는 사실은 달리 표현하면 법과 사람 사이의 연대가 없다는 것을 의미한다. 그것은 결국 인간이 법에 복종해야 하는 정당한 이유를 제시하지 못한다는 심각한 결론에 도달한다. 그런 법은 어쨌든 사회·정치적인 필요에 부합할 수 있지만, 인간의 내면적 요구에 대해서는 매우 부조리하다. 그때부터 법의 권위는 인간의 자발적인 동조가 아니라, 국가의 공적인 승인에 의존할 뿐이다. 나아가, 국가의 승인도 반대자에 맞선 사회공동체의 진정한 반응이 되지 못한다. 다시 말해 법의 공적인 승인은 국가라는 기술적 요소에 의한 기술적인 결정에 지나지 않는다. 사람들은 국가의 승인을 자신들이 받아들일 수 있는 진정한 승인으로 인정하지 않고 다만 외적인 속박으로 생각하기 때문이다. 자연법이 쇠락할 때마다 국가권력에 의해서 경찰제도와 사형제도가 강화되지만, 그것은 사실상 무가치한 대응에 지나지 않는다. 사람들이 동의하지 않는다면 어떤 경우에도 국가는 정의의 강력한 요구에 맞서서 진정한 법을 세울 수 없기 때문이다. 기껏해야 신비에 의존해서 새로운 감정을 만들 수 있겠지만, 그것은 정의로 인정받을 수 있는 법과 상관이 없는 것이다. 결국, 국가의 법 옆에 국민의 새로운 법이 세워진다. 이런 관점에서 본다면, 프랑스에서 암시장의 출현은 매우 특징적인 현상이었다. 법에 대한 국가의 승인은 이미 권위를 잃었기 때문에 재판관들은 법의 적용을 거부했고, 법은 더 이상 지켜지지 않았기 때문이다. 효율성만을 유일한 기준으로 선택했기 때문에 법은 오히려 가장 비효율적인 것이 되고 말았다.

5) 결론적으로 우리는 한 가지 사실에 주목해야 한다. 법이 변화하는 과정 중에서 일정한 단계에 이르는 순간, 사람들은 법에 새로운 활력을 주기 위해서 자연법을 되살리려고 합법적인 방법들을 시도했다. 그런 시도는 다른 여러 학파들 가운데 저스틴 학파에서 보다 뚜렷히 볼 수 있었지만, 결과적으로 우리는 인간의 근본적인 무능력을 새삼 확인하는데 만족했다. 자연법은 인간이 아니라 국가의 시도에 의해서만 가까스로 되살아날 수 있었다. 이처럼, 자연법의 역사에서 인간과 법의 관계가 완전히 단절되었다. 자연법을 되살릴 수 있는 것은 철학이나 법률적인 이론에 의한 것이 아니다. 그런 이론들은 문제의 심각성을 보다 분명히 드러냈을 뿐이며, 과거로 회귀는 가능하지 않았다. 우리는 외부의 힘을 빌어서 인간과 국가 사이의 일치를 기대할 수 없다. 법에 대해서 더 이상 이전과 같지 않은 인간의 판단 때문이다. 사회와 긴밀한 연대를 결정짓는 인간의 내적인 변화와, 국가와 법의 외적인 변화가 동시에 병행되어야 한다. 다시 말해, 문명이 끊임없이 변화하는 동안에 어떤 시점에서 매듭을 짓는 종지부가 반드시 필요하다.

현재 우리가 정확히 그 시점에 있다. 현대인들의 공통적인 생각에 부합하지도 않고, 법의 현대적인 개념에 부응하지도 않는 새로운 자연법을 제정하기 위해서 섣불리 시도하는 것은 무의미한 일이다. 또한, 이론으로서 자연법의 존재나 필요성에 대해서 새삼 논쟁하는 것도 사실상 쓸데없는 일이다. 반면에, 하나님의 계시를 통해서, 그리고 계시 안에서 법이 무슨 의미를 지니는지 알기 위해서 노력하는 것이 중요하다. 새로운 문화의 형성은 오직 하나님의 의지에서 비롯되기 때문이다. 이런 관점에서 현상으로서 자연법이 무엇을 의미하는지 분명히 알아야 하며, 이런 개념들로부터 어떤 법적 결론들을 추출할 수 있는지 아는 것이 매우 중요하다.

간단한 글을 통한 결론에서 우리는, 지성 외에 다른 도구가 거의 없는 인간이 사회 변화의 어떤 시점에서 인간이 구성한 법에 도달한다는 사실을 확인할 수 있을 것이다. 그것은 다음과 같은 세 가지 사실이다.

1) 정의에 대한 감정은 주어진 시점에서 모든 사람들에게 거의 동일하다. 정의에 대한 공통된 감정은 본질상 유사한 제도를 낳기 때문이다.

2) 법의 제정을 위해서 반드시 필요한 법적 기술과, 사회적이며 인간적인 환경 사이에 자율적인 균형이 존재한다. 따라서 법은 어떤 상황에 따른 자발적이거나 불합리한 창조물이 아니다. 또한, 법은 완전히 이성적이거나 기계적인 창조로서 환경과 전적으로 생소한 피조물도 아니다.

3) 법은 개인과, 법에 종속하는 국가가 동시에 인정하는 필요성을 내포한다. 따라서 법은 무엇보다 효과가 있어야 하며, 사람을 복종시킬 수 있어야 한다. 지금 말한 세 요소들은 서로 밀접한 관계가 있으며, 그것들의 특징을 통해서 우리는 자연법을 '현상' 이라고 부를 수 있는 것이다.

2장. 완전한 법 [30]

1. 정의正義

성경은 오늘날 우리가 기대하는 의미에서의 '법'의 개념을 설명하지 못한다. 법이 문제가 될 때마다 법은 정의와 다르게 표현되지 않는다. 따라서, 우리가 법의 문제를 본격적으로 다루기 전에 정의의 개념을 파악하는 것이 우선이다. 성경을 읽면서 우리는 정의를 말하기 위해서 히브리어에서 주로 사용되는 두 단어를 발견할 수 있다. 하나는 샤파트 *shaphat*라는 히브리어의 어원에서 비롯된 것으로, '판단하다', 또는 '인도하다' 라는 의미를 지니고 있다. 여기에서 파생된 다른 단어들, 예를 들면 법, 법률, 관습, 존재방식, 외적 행실, 외모같은 단어들과 더불어 외적이며 사회적인 동시에 인간적인 의미에서 이 단어는 분명히 정의를 표현한다. 다른 하나는 '정당화' 또는 '의인' 義認:의롭다고 인정함의 의미가 있는 쩨다카*zädäk* 로서, 여기에서 파생되는 단어들은 언뜻 보기에 두 갈래의 대립적인 의미군을 형성한다. 예를 들면, 한 갈래는 정의, 형평, 진리를 나타내고 다른 갈래에서는 은총, 무죄를 의미한다. 그러나 둘은 사실상 동일한 의미군으로서, 완전한 의미에서 정의를 나타내는

---

30) 우리가 이미 인용했던 M. Visser't Hooft의 연구에서 '완전한 정의' 라는 단어를 인용한다. 이 장에서 우리는 Diétrich의 연구('씨뿌리는 사람' , 1945년 5월호, 40쪽의 '법의 성경적 기초 ')와 더불어 그의 연구에서 많은 것을 인용할 것이다

것이다. '완전한 정의'란 결국 하나님의 정의를 말하며, 은혜 안에서 온전히 드러나는 정의를 의미한다. 이 구별은 서로 다른 어원들이나 파생어들처럼 절대적이지 않다. 두 단어의 의미는 서로 상반되는 것이 아니라 상호관계 안에서 보충적 의미로 사용되기 때문이다. 따라서 우리는 두 단어 사이의 구별은 언어사용에 있어서 습관의 차이와 언어적 관용의 범주라는 주장을 지지하지만, 최소한 다음 문장에서는 그렇게 받아들일 수 없다. 즉, 신명기 1장 16-17절에서 두 단어는 분명히 다른 의미로 사용되었다.

"… 너희가 너희의 형제 중에서 송사를 들을 때에 쌍방 간에 공정히 판결할 것이며 그들 중에 있는 타국인들에게도 그리 할 것이라. 재판은 하나님께 속한 것인즉 너희는 재판할 때에 외모를 보지 말고 귀천을 차별 없이 듣고 사람의 낯을 두려워하지 말 것이며 스스로 결단하기 어려운 일이 있거든 내게로 돌리라…"

이 명령은 분명히 재판관에게 주어진 것이며, 따라서 완전한 정의가 아니라 인간의 정의에 속한다. 또한 이 명령은 본문에 명시된 것처럼, 이스라엘 백성들 뿐만 아니라 이방인을 위해서도 유효하다. 그런데, "공정히 판결할 것이며…"라는 텍스트를 자세히 살펴보자. 여기에서 사용된 단어는 쩨다카*zädäk*이기 때문에, 결론적으로 말해서 하나님의 정의를 기준삼아 재판하라는 명령이다. 이어서, "재판은 하나님께 속한 것인즉…"의 텍스트를 다시한번 살펴보자. 여기에서 사용된 단어는 미슈 파트*mischpath*이다. 따라서, 법관들의 정의를 통해서 세상에서 실제로 역사하시는 이는 하나님이라는 것이다. 두 문장에서 함께 사용된 단어들을 통해서 우리가 알 수 있는 것처럼, 여기에는 두 단어들의 자발적인 결합이 있지만 각 단어는 정의의 다른 개념에 적용된다. 그렇다면 우리는 성경의 다른 텍스트들 안에서 동일한 적용을 발견할 때, 그것은 단순한 언어습관이나 관용이 아니라 사실은 특별한 신학적 정보를 제공한다는 주장을 인정할 수 있다. 각각의 의미를 지닌 두 단어가 분명히 존재하지만, 하나님의 정의와 사람의 정의가 완전히 분리됐다고 말할 수 없다. 다시 말해, 두 단어가 한 문장 안에서 공존하지만 각각 독립적으로 두 개의 다른 영역에 해당된다는 주장은 섣불리 받아들일 수 없다. 하나의 정의가 존재할 뿐이며, 인간의 정의는 하나님의 정의와 유기적으로 연합되기 때문에 하나가 없다면 다른 하나도 절대로 이해되지 않는다. 이 결합은 결코 우연이 아니다. 우리는 하나님의 역사를 이해하기 위해서 법의 개념들이 어떤 점에서 중요한 의미를 지니는지 이미 알고 있다.[31] 하나님은 자신의 행위를 인간적인 형식의 틀 안에서 표현하신다. 하나님이 이런 관계를 세웠을 때, 그것은 상대적이다. 다시 말해, 자신의 행위를 나타내기 위해서 법의 형식을 택하면서 하나님은 인간의 법과 정의에 진정한 의미와 형식을 부여했다. (이에 대해서는 나중에 결론을 도출할 것이다)

이제 우리는 하나님의 정의와 인간의 정의 사이에서 형성된 불가분의 관계가 함축하는 의미를 분명하게 밝혀야 한다. 인간의 지성으로 하나님의 정의를 정확하게 분석한다고 섣불리 주장하기 전에 우리는 성경을 읽으면서 다음과 같이 정리할 수 있다.

1) **하나님의 정의는 하나님의 초월성의 표현이다.** 한편으로 하나님의 정

의는 모든 잘못은 반드시 벌을 받으며, 사람들은 자신의 행위에 따라서 정당하게 심판받을 것을 요구한다. 따라서 하나님의 정의는 개별적 심판이 아니라, 인류의 모든 역사 속에서 일어난 전반적인 죄에 대한 전체적인 회복을 요구한다. 그러나 다른 한편에서 하나님의 정의는 이처럼 준엄한 심판과 동시에 변함없이 은혜·용서와 불가분의 관계를 맺고 있다. 시편 33편 5절과 76편 8-9절은 하나님의 정의와 선의에 관한 병행문을 이룬다. 우선 시편 33편 5절을 보면, "그는 공의와 정의를 사랑하심이여 세상에는 여호와의 인자하심이 충만하도다"와, 76편 8-9절 "주께서 하늘에서 판결을 선포하시매 땅이 두려워 잠잠하였나니 곧 하나님이 땅의 모든 온유한 자가난한 자들을 구원하시려고 심판하러 일어나신 때에로다"의 구절은, 하나님의 준엄한 심판과 더불어 긍휼이 공존하는 텍스트이다. 요컨대 하나님은 무서운 심판자이신 동시에 가난한 사람들을 구원하시기 위해서 심판하신다. 이런 이중적 선언은 성경의 전반에 일관되게 나타난다. 하나님이 심판하시는 것은 생명을 죽이기 위해서가 아니라 살리기 위한 것이다. 에스겔 33장 11절에서 이같은 내용을 보다 체계적으로 확인할 수 있다. "너는 그들에게 말하라. 주 여호와의 말씀이니라. 나의 삶을 두고 맹세하노니 나는 악인이 죽는 것을 기뻐하지 아니하고 악인이 그의 길에서 돌이켜 떠나 사는 것을 기뻐하노라 이스라엘 족속아 돌이키고 돌이키라. 너희 악한 길에서 떠나라. 어찌 죽고자 하느냐 하셨다 하라." 그것은 결코 우연이 아니다. 부유한 자를 멀리하고 가난한 자를 사랑한다는 차별적인 의미로서 정의에 대한 배타적인 개념도 아니다. 은혜와 연합한 정의로서, 달리 표현하면 하나님의 정의는 그 자체가 은혜이다. 시편 33편 5절에서 보듯이, "여호와는 정의를 사랑하시며… 그의 긍휼이 세상에 충만하기…" 때문이다. 우리는 시편의 텍스트들 안에서, 다시 말해 각 텍스트의 구성요소들 안에 들어있는 개념들 사이에 불가분의 관계가 있다는 사실을 알 수 있다. 결론적으로, 우리가 보았던 시편의 텍스트들 안에서 정의와 긍휼의 병행이 매우 중요한 의미를 지니고 있다. 이외에도 수많은 텍스트들을 예문으로 제시할 수 있으며, 그것들을 통해서 하나님의 정의에 대한 특성을 분명히 파악할 수 있을 것이다. 그것은 '정의'와 '은혜'를 동시에 가리키는 쩨다카*zädäk* 라는 동일한 단어 안에 이미 제시되었으며, 하나님의 행동방식을 기록했던 수많은 신화 속에도 고스란히 담겨있다. 이를테면, 하나님이 심판에 대해서 말씀하실 때마다 언제나 은혜가 뒤따른다. 그럼에도 불구하고 그것은 틀림없이 준엄한 심판이다. 아담에 대한 심판이 그렇다. 죄를 범했지만 아담은 세상에서 생명을 보전할 수 있었다. 살인자 가인에 대한 심판도 예외가 아니다. 하나님은 세상의 위협에 대해서 죄인인 가인의 생명을 보호하셨다. 니느웨의 심판은 멸망이 목적이 아니라, 회개하라는 부르심을 전한 것이다. 예수 그리스도에 대한 심판은 여기에서 말하지 않겠다.

2) "하나님의 정의 앞에서 인간의 모든 정의는 이미 정의가 아니다." 하나님의 정의가 아닌 모든 것은 불의일 뿐이다. "무릇 우리는 다 부정한 자 같아서 우리의 정의는 다 더러운 옷과 같다"사64:5 성서에서 보듯이, 하나님의 뜻에 일치하는 것이 유일한 정의라는 사실을 기억하면 이 말씀은 어렵잖게 이해될 수 있다. 간단히 정리하면, 정의는 하나님이 열어주신 길을 걸어가는 것이며, 이것과 무관한 정의의 개념은 절대로 존재하지 않는다.32) 인간은 무엇이 정의인지 스스로 알지 못하지만, 우리는 반드시 그 길로 돌아와야 한다.잠언 2-9 인간이 본성에 따라 행하는 모든 것들은 결코 정의가 아니다. 그것은 우리가 욥기에서 보았던 중요

---

32) Schlemmer, '신학적이며 종교적인 연구'(*Etudes théologiques et religieuses*), 1944. 1월호

한 논쟁에서 이미 분명히 밝혀진 사실이다.

그러나 하나님은 인간의 정의를 주시하신다. 이것은 하나님의 뜻을 온전히 실행하는 것으로 삼위의 하나님과 더불어 존재하지 않는 인간의 정의이다. 즉, 절대적인 하나님의 정의와 달리, 가난한 자들에게 악을 행하지 않고, 도둑질하지 않고, 법 체계를 구성하고, 정당하게 재판하고,레19:15 질서와 평화를 유지하는 인간의 상대적인 정의이다. 하나님의 영원한 정의에 비춰볼 때 사실상 별다른 가치가 없는 이런 행동들을 하나님은 기꺼이 인정하시고, 가치로운 것으로 받아들이신다. 따라서, 하나님의 정의에 비춰볼 때 사실상 불의에 지나지 않는다는 이유로 세상의 정의를 부인하는 것은 결국 하나님의 뜻에 반하는 것이다.

3) 마지막으로, 하나님의 정의의 세 번째 특징은 마지막 날에 세상의 심판을 위한 신호로서 하나님의 정의가 끊임없이 우리에게 제시된다는 것이다. 마지막 심판이 있을 때 하나님의 정의가 전체적으로 세상에 나타난다. 심판할 수 있는 이는 오직 하나님이시며, 그의 정의는 온 세상에 내려지는 심판을 통해서 드러나기 때문이다.벤후3;10-13 이같은 종말론적 주장은 이미 널리 알려져 있기 때문에 새삼 강조할 필요가 없다. 그러나, 마지막 날을 위해서 심판이 준비되었다 할지라도, 이에 대해서 말하는 성경의 모든 텍스트들이 우리에게 전하는 분명한 메시지가 있다. 그것은 다름아닌, 하나님의 정의가 마지막 날의 심판을 위해서 준비되었을 뿐 아니라, 하나님이 '현재의' 시점에서 백성들을 통치하기 위해서 정의를 실현한다는 것이다. 이에 관한 텍스트들을 인용하는 것은 어렵지 않다. 예를 들면, 시편 7편 8절의 "여호와께서 만민에게 심판을 행하시오니 여호와여 나의 의와 나의 성실함을 따라 나를 심판하소서"라는 텍스트와, 9편 7-8절의 "여호와께서 영원히 앉으심이여 심

판을 위하여 보좌를 준비하셨도다. 공의로 세계를 심판하심이여 정직으로 만민에게 판결을 내리시리로다”의 대표적인 텍스트들이 있다. 마지막 구절에서 우리는 '판결을 내리시리로다'라는 동사에 특히 주목해야 한다. 그것은 히브리어로 *sch' ph' th*로서 '법적인 정의로 분명하게 판단하다'라는 뜻이다. 같은 관점에서 우리는 하나님의 심판을 표현하는 도구로서 재판관들을 schephathim이라고 부른다는 것을 잊지 말아야 한다. 이처럼 하나님의 종말론적 심판은 최후의 심판을 의미하는 동시에 현재의 시점에서 하나님의 통치를 가리킨다.

우리는 하나님의 정의 안에서 근본적으로 모순일 수 밖에 없는 특징들을 발견하게 된다. 마지막 날을 위한 하나님의 정의가 어떻게 지금 실현될 수 있는가? 더 이상 모순들을 해결하지 않고, 성경의 텍스트들이 정리한 분석에 만족할 수 있는가? 물론, 모순들 사이의 인위적인 통합은 가능하지 않지만 하나님에 의해서, 그리고 예수 그리스도 안에서 모순을 해결할 수 있는 방법이 우리에게 주어졌다. 강생하신 예수 그리스도가 하나님의 정의가 되었기 때문이다. "… 예수는 하나님으로부터 나와서 우리에게 지혜와 의로움과 거룩함과 구원함이 되셨다."고전 1:30 하나님의 정의는 때에 따라 변할 수 있는 지적인 변증법이나 자의적인 통합에 관한 것이 아니다. 진정한 통합은 예수 그리스도의 인격이 곧 정의라는 명백한 사실에 기인한다. 예수 그리스도는 하나의 표적이거나, 증인이거나, 요소이거나, 하나님의 정의를 실현한 하나의 속죄가 아니다. 그의 존재 자체가 정의의 전부다. 그는 사람들의 죄를 대신 지셨고, 이를 통해서 정의의 요구를 충족시키는 동시에 하나님의 은혜를 세상에 드러냈다. 그는 인간의 정의가 지니는 근본적인 불의를 세상에 표출시켰다. 예를 들면 빌라도 앞에서 재판받으면서 동시에 그는 인간의 정의를 수용했고, 그것에 복종했다. 예수 그리스도가 세상의 권력에 맞서 승리하면서 사람들의 권위를 세우는 것과 마찬가지로, 인간의 권리를 지키기 위해서 전반적인 기초를 세웠다는 사실을 우리는 분명히 알게 될 것이다. 그로 말미암아 정의가 실현된다. 예수 그리스도 안에서 온 세상에 대한 심판이 이루어지며, 종말론적인 정죄와 용서가 현재의 세상에 뚜렷히 나타난다. 예수 그리스도가 세상의 진정한 '주'이기 때문에 그를 위해서 그리고 그에 의해서 세상은 유지되고 통치된다. 우리는 이처럼, 명시적 지표가 없어도 정의의 문제가 제기하는 의문에 대해서 하나님이 제시하신 답변과 만난다. 요컨대, 하나님의 정의에 대한 모든 특성은 예수 그리스도의 삶과 죽음과 부활 안에 모여지고 실현된다.

예수 그리스도가 곧 하나님의 정의이다. 예수 그리스도를 떠나서는 어떤 정의도, 어떤 유형의 상대적인 정의마저 존재하지 않는다. 이것이 바로 두 가지 충격적인 사실이 우리에게 밝히 보여주는 것이다. 이를테면, 예수를 부인하는 자는 즉각 심판받는다는 사실이다. 예수를 부인하는 자를 위한 정의가 없기 때문이다. "그를 믿는 자는 심판을 받지 아니하는 것이요, 그를 믿지 아니하는 자는 하나님의 독생자의 이름을 믿지 아니함으로 벌써 심판을 받은 것이니라."요3:18 예수 그리스도가 정의이기 때문에 그를 떠나서는 어떤 사람도 하나님 앞에서 자신의 행위가 의롭다고 주장할 수 없다. 따라서, 어떤 것이든 상관없이 인간의 모든 행동은 예수 그리스도에게서 벗어날 수 없다. 반면에 예수를 믿는 자는 "심판을 받지 않는다"는 말씀이 시사하는 것처럼, 믿음으로 말미암아 의롭다고 인정받는다. "… 내 말을 듣고 또 나 보내신 이를 믿는 자는 영생을 얻었고 심판에 이르지 아니하나니 사망에서 생명으로 옮겼느니라."요5:24 이는, 심판하는 자가 동시에 의롭다고 인정하는 자이기 때문이다. “내가 진실로 진실로 너희에게 이르노니 내 말을 듣고 또 나 보내신 이를 믿는 자는 영생을 얻었고 심판에 이르지 아니하나니 사망에서 생명으로 옮겼느니라”요5:24 달리 표현하면, 예수 그리스도를 떠나서 법을 연구할 수 없다는 분명한 사실을 우리에게 일깨우는 것이다. 따라서, 예수 그리스도 안에 토대를 세우지 않는다면 인간의 어떤 법, 심지어 상대적인 법도 존재할 수 없다. 예수 그리스도를 떠난 상태에서 우리가 다다를 수 있는 모든 것은 결국 불법이라는 것이다.

예수 그리스도가 하나님의 정의라는 사실로 말미암아 그는 정의를 실현한다. 시편 22편 1-3절에서 말하는 진정한 위임을 통해서 예수 그리스도가 살았던 삶 자체가 정의의 실행이라고 말할 수 있을 것이다. “나의 하나님이시여, 왕을 심판하시며 그의 아들에게 공의를 행하소서 – 그는 정의로 네 백성을, 공의로 가난한 자들을 심판하실 것이니라 – 산들은 백성을 위해서 평화를 가져오며, 언덕들도 당신의 정의로 말미암아 평화를 가져오리라. 그는 백성들 가운데 가난한 자들의 권리를 인정하리라. 그는 가난한 자의 자녀들을 구원할 것이며 압제자들을 진멸하실 것이라…” 이 예언은 요한복음 5장 19-30절에 있는 예수의 주장과 다르지 않다. “아버지께서 아무도 심판하지 아니하시고 심판을 다 아들에게 맡기셨으니… 아버지께서 자기 속에 생명이 있음같이 아들에게도 생명을 주어 그 속에 있게 하셨고 또 인자됨으로 말미암아 심판하는 권한을 주셨느니라… 내가 스스로 아무 것도 할 수 없노라. 듣는 대로 심판하노니 나는 나의 뜻대로 하지 않고 나를 보내신 이의 뜻대로 하려 하므로 내 심판은 의로우니라” 이 선언을 통해서 우리는 지금부터 두 가지 생각을 강조할 수 있다. 첫 번째는 아버지의 뜻대로 하는 자를 의인이라고 부르는 것으로, 우리가 이미 지적했던 의인의 규정에 관한 것이다. 예수의 심판이 의로우며, 그의 정의가 도덕적으로 의로울 뿐 아니라 법적으로도 의롭다는 명백한 근거는 그가 '아버지'의 뜻을 따랐기 때문이다. 이처럼 우리는 예수 그리스도라는 새로운 길을 통해서 이미 밝혀진 진실과 다시 만난다. 다시 말해, 완전한 정의를 말할 때 우리는 예수 외에 다른 실행자가 있을 수 없다는 사실을 분명히 알아야 한다. 두 번째는, 예수 그리스도가 태초에 예언된 '인자'이기 때문에 심판할 수 있는 권한을 부여받았다는 사실이다. 우리는 여기에서 우리를 사로잡는 새로운 문제와 마주친다. 이를테면, 우리는 이 계시의 신학적 범주를 찾으려 애쓰는 대신에, 사람인 동시에 하나님이신 예수 그리스도가 하나님으로부터 심판할 수 있는 권한을 분명히 부여받았다는 사실을 확인하는 것이 중요하다. 그리고 그 증거는 다름아닌, 예수 그리스도가 바로 사람인 동시에 하나님이시기 때문이다. 결국 완전한 정의를 실현하는 예수 그리스도가 인간의 정의를 수용하기 때문에, 영원한 정의는 예수 그리스도의 존재 안에서 일시적인 정의로서 세상의 정의가 되는 것이다. 이같은 사실을 통해서 우리는 다음과 같은 어려운 질문에 대해서 개략적인 답변을 할 수 있다. 우리는 인간의 세속적인 법을 통해서 하나님의 정의를 실현하기 위해서 과연 무엇을 할 수 있는가? 우리가 보기에 이에 대한 대답은 매우 간단하다. 즉, 예수 그리스도가 인간의 몸으로 강생했기 때문에 하나님의 정의와 인간의 정의가 '만나는 지점'이 되며, 따라서 예수 그리스도를 통해서 두 정의가 동시에 실현될 수 있다는 것이다.

4) 그러나, '만나는 지점'이라는 개념만으로 이처럼 신비한 현상을 설명할 수 있는가? 이 관계를 분명히 밝히기 위해서 우리는 하나님의 정의의 마지막 특성에 도움을 청해야 한다. 그것은 매우 중요한 특성으

로, 하나님의 정의는 대체하는 정의라는 것이다. 다시 말해 그것은 세상 사람들이 흔히 생각하는 일반적인 정의처럼 고루 나눠주는 분배적인 정의가 아니다. 또한 그 정의는 결과에 따라 상급을 정하는 보상적인 정의도 아니다. 그것은 하나로 다른 하나를 바꾸는 '대체하는 정의'다. 요컨대, 죄로 말미암아 아무런 소망이 없이 죽을 수 밖에 없는 세상의 모든 죄인들을 살리기 위한 정의로서, 달리 표현하면 정작 자신은 죄가 없기 때문에 죽음의 사슬에 갇힐 하등의 이유가 없는 의인이 인류를 위해서 자신의 생명을 대체하는 것이다. 그것은, 세상의 죄를 대신 짊어지고 자신의 죽음에 이르기까지 그 죄를 이끌면서세상의 죄를 용서하며…, 마침내 자신의 죽음을 통해서 세상의 죄를 대속代贖하는 예수 그리스도의 대속의 정의이다. 이처럼 예수 그리스도의 근본적인 대체는 인류의 모든 역사를 통해서 소망 안에서 끊임없이 존재했지만, 마침내 세상의 종말에 전적으로 완성되는 대속과 만난다. 또한 그것은 은혜로 본성을 대체하고, 하나님의 왕국으로 어둠의 왕국을 대체하면서 완전한 대속으로 이어진다. 그런데, 대체의 개념은 정의의 문제에도 어김없이 적용되어야 한다. 예수 그리스도 안에서, 그리고 예수 그리스도가 심판하기 때문에 하나님의 정의로 인간의 정의를 대체하는 것이며, 하나님의 정의는 어떤 면에서 인간의 정의가 되는 것이다. 이는, 인간이 하나님 앞에서 예수 그리스도의 정의로 거듭나기 때문이다. 이것이 정확히 무엇을 의미하는지 나중에 살펴보겠지만, 정의의 문제에 대한 연구에서 우리는 예수 그리스도가 문제의 중심에 있다는 것을 분명히 알수 있다. 요컨대, 여러 광선들이 그를 향해서 집중된다.

인간의 법의 토대가 예수 그리스도 안에 있으며,
법의 실행이 그에 의해서 이뤄지고,

법의 내용이 그에 의해서 주어진다.

　그것은 우리가 하나님의 정의를 마주 대하며 일반적으로 가졌던 태도를 근본적으로 파괴하는 것이다. 인간의 정의와 하나님의 정의 사이에 어떤 관계가 있다는 사실을 부인하지 않는다면, 우리는 하나님의 정의를 일종의 최고재판소처럼 생각하면서 끊임없이 희망을 가질 수 있다는 것을 의미한다. 또한 그것은, 인간의 사회조직들이 시간이 지나면서 서서히 소멸하는 반면에, 우리는 하나님의 정의를 영원히 사라지지 않는 완전한 정의라고 생각할 수 있다. 심판은 하나님이 하시기 때문에, 우리는 하나님의 정의에 대해서 인간이 희망을 잃지 않을 수 있는 마지막 소송이라고 생각한다. 실제로 하나님이 심판하실 때, 하나님은 그의 역사 안에 모든 정의를 포함시킨다. 강생 안에서 그랬던 것처럼, 하나님은 완전히 인류의 영역에 자리잡는다. 그러나 하나님은 상대적 불의가 있을 수 밖에 없는 세상의 재판관처럼 행동하지 않으며, 정의에 관한 모든 형식의 주권자로 등장한다. 정의의 형식은 전혀 문제가 되지 않는다. 왜냐하면, 하나님의 정의는 대체하는 정의이기 때문에 어떤 형식이든 상관없이 정의의 모든 형식을 대체하기 때문이다. 달리 말해서 인간의 정의로부터 완전한 정의에 이르기까지 차별이 없다. 모든 정의가 하나님의 아들에 의해서 세워지고, 실현되고, 규정되지 않는다면 아무 것도 남지 않는다. 예수 그리스도가 아니면 우리는 하나님의 절대적인 정의를 향해서 아무런 도움을 청하지 못한다!

　우리는 정의의 신학적 개념에 대해서 충분히 연구하지 못했다. 지금까지 우리는 자연법에 대한 우리의 연구를 진행하기 위해서 반드시 필요하다고 느껴지는 윤곽을 그렸을 뿐이다.

2. 법

앞에서 우리는 성서 안에서 어떤 추상적인 '법'에 관한 연구가 아니라고 말했다. 다시 말해, 스스로 존재하는 법이 결코 아니며, 영원하고 독립적인 어떤 법에 관한 것이 아니다. 원칙이나 체계가 무엇이든, 이성적이든 신비한 것이든 상관없이 스스로 살아있는 자생적인 법은 성경 안에 존재하지 않는다. 더불어 하나님의 계시 안에는 모든 법을 판단할 수 있다거나, 인간의 모든 법률이 종속되는 어떤 '율법'이나, 법적 개념이나, 사유를 위한 특별한 자리가 존재하지 않는다.

성서 안에서 하나님의 뜻에 부합하며, 성서에 의해서 선이 그어진 길을 따라가는 것이 우리가 말하는 법의 개념이다. 법적인 의미에서 살핀다면, 정의에 부합한 것이 법이다.33) 그러나, 이전의 문맥에서 우리가 규정하고자 시도했던 것과 같은 의미의 정의에 부합해야 한다. 이제 우리는 이 개념을 분명히 정의해야 한다. 그것은, 하나의 '법'이 존재하지 않더라도 하나의 '정의'가 그 자체로 존재한다는 뜻이 아니다. 얼마나 많은 신학자들이 정의가 스스로 존재하며, 그것이 어떤 특별한 내용을 지니고 있다고 주장했던가. 또한 그것이 실제로 하나님의 속성에 해당된다고 말하지 않았던가. 성경적 관점에서 볼 때 이것은 심각한 오류이다. 하나님과 독립해서 어떤 정의가 별도로 존재하는 것이 아니다. 마치 하나님의 의지에 부합하는 어떤 규범이 스스로 존재할 수 있고,

---

33) 결론적으로 인간의 관점에서 정의는 법과 분리될 수 없다. 따라서 우리는 "법은 정의를 참고하지 않는다"라고 주장하는 학파들(예를 들면 뒤르케임(Durkheim)같은)과 의견을 같이 하지 않는다. 또한, "정의는 법의 우발적인 내용일 뿐이며 안전이 법의 본질이다"라고 주장하는 학자들 (루비에(Roubier), 인용도서 p. 269이하)과도 분명히 거리가 있다.

이 규범에 앞서서 어떤 동기가 있을 수 있는 것처럼 어떤 정의의 자생적인 존재를 주장하지만 이는 명백한 오류일 뿐이다. 즉, 정의의 내용은 별도로 존재하지 않는다. 곧 살펴보겠지만 정의는 선재先在하는 것이 아니라 심판을 통해서 나타나기 때문이다. 또한, 정의를 이루는 하나님의 속성이 별도로 존재하는 것이 아니다. 왜냐하면, 하나님 자체가 정의이기 때문이다. 이것은 결국 정의의 규범은 하나님의 의지라는 것을 의미한다. 요약하자면, 하나님의 뜻에 부합하는 것이 정의이며, 정의에 따라서 정리된 것이 법이다.

여기에서 우리는 혼돈을 피해야 한다. '그 자체에 영원히 존재하는 정의'라는 말과, '정의인 하나님의 의지'라는 말이 같은 의미가 아니다. 전자는 본질적으로 정적이며, 그리스의 법 체계가 해석하는 개념과 동일하다. 반면에 후자는 본질적으로 동적이다. 실제로 영원하기 위해서는 하나님의 의지는 움직이지 않을 수 없다. 이와 달리, 성서가 우리에게 밝혀주는 모든 사실들은 계시를 떠나서, 다시 말해 동적인 하나님의 행위를 떠나서 인간은 하나님의 의지를 절대로 알 수 없다는 것이다. 그리고 계시란, '여기에서 지금'*hic et nunc* 드러나는 하나님의 의지를 의미한다.

정의로서 하나님의 의지는 우리가 개념들을 질서있게 정돈할 수 있는 일종의 고정된 틀이 아니며, 우리가 어떤 체계를 추론할 수 있는 일종의 원칙도 아니다. 하나님의 의지는 언제나 끊임없이 움직이는 행동이다. 그것은, 하나님의 정의에 대해서 성경이 우리에게 가르친 것과 정확히 일치한다. 즉, 우리는 심판의 행위 안에서만 하나님의 의지를 발견할 수 있다. 심판, 곧 하나님이 '지금 보여주시는' 행위를 벗어나서 우리는 정의의 본질도 형식도 알 수 없다. 달리 말해서, 심판이 없다면 정의 또한 없는 것이다. 그렇다면 필연적인 귀결로서, 정의를 파악할 수 있는 유일한 방법은 지금 드러난 심판을 통해서만 가능할 뿐이다. 심판을 내리는 것은결론적으로 정의를 실현하는 것은 하나님의 개별적인 의지이며 "재판은 하나님께 속한 것인즉…"신1:17 이 의지가 곧 정의의 기준이 되는 것이다. 이처럼 법은 어떤 경우이든 하나님의 행위로 나타난다. 우리는 자연법의 개념에 대해서도 이것을 분명히 적용해야 한다.

우리가 방금 말했던 모든 것들이 사실은 대속의 범주에 있다는 것을 잊지 말아야 한다. 다시 말해서 심판을 통해서 나타나는 하나님의 정의는 변함없이 예수 그리스도의 죽음 안에 있는 불변의 정의이다. 예수 그리스도의 십자가 위에서 세상의 심판이 결정적으로 선언되었으며, 하나님의 역사도 십자가 위에서 전적으로 계시되었다. 그렇다면, 하나님의 '모든' 정의의 표현은 바로 십자가를 통한 심판이다. 따라서, 예수 그리스도의 십자가를 중심에 두지 않는다면 우리는 절대로 법을 이해할 수 없을 것이다.

우리는 이 개념을 분명히 알아야 한다. 하나님은 왜 심판하시는가? 달리 표현하면, 예수 그리스도는 왜 십자가에서 죽었는가? 물론 이것은 교리문답에 해당하는 질문이다! 대답은 간단하다. 즉, 사람이 죄를 지었기 때문에, 그리고 죄로 인해서 하나님과 멀어지고 사탄의 영역에 들어갔고, 마침내 죽을 수 밖에 없는 상황에 처했기 때문이다. 그러나, 사랑이신 하나님은 이런 상황을 그대로 내버려두실 수 없기 때문에 그의 피조물인 인간과의 관계를 회복시키고, 마침내 사탄으로부터 인간을 구하신다. "오, 사망이여. 네 승리는 어디에 있는가?… "

따라서, 하나님의 정의가 제시하는 최상의 행위는 사람과의 관계를 회복하는 의지이다. 이것은 정의가 무엇인지 알기 위해서 매우 중요하다. 하나님이 심판하실 때 언제나 그것은 잘못된 것을 바로 잡는 것이다. 즉, 하나님의 심판은 하나님과 인간의 관계, 또는 사람들 사이의 관계를 회복하려는 의지의 표현이다. 물론, 인간이 아담의 상태에서 '지금' 회복됐다고 말하려는 것이 아니라, 하나님과 관계의 회복을 기대할 수 있다는 것이다. 성만찬은 회복이 확실하다는 신호가 우리에게 주어졌다는 것을 의미한다. 마찬가지로, 하나님이 '여기에서 지금' 세상에서 행한 심판, 즉 성경을 통해서 우리에게 가르쳐준 심판은 이 세상에서 모든 정의의 회복을 의미하는 것이 아니다. 그것은, 하나님에 의해서 정의가 회복되며 정의는 오직 하나님에게 종속한다는 분명한 신호이다. 오랜 신학적 습관을 통해서 예수 그리스도 안에서 회복이 무엇을 의미하는지 우리가 분명히 알 수 있다 해도, '법적 질서 안에서' 회복이 무엇인지는 제대로 알지 못한다. 이것을 알기 위해서 우리는 무엇보다 성서를 참고해야 하며, 성서의 이해를 통해서 우리는 둘 사이에 사실상 차이가 없다는 것을 분명히 알 수 있다. 예수 그리스도로 말미암아 인간이 피조물의 진정한 상황 안에서 회복될 수 있는 것처럼, 법의 영역에서 회복도 마찬가지다. 법 안에서, 그리고 피조물로서 인간의 진정한 상황 안에서 하나님의 심판은 인간의 회복을 위해서 실행하는 것이다. 나중에 우리는 인간의 법들을 통해서 무엇을 기대해야 하는지 알게 될 것이다. 지금은 무엇보다 이 개념에 집중하고, 인간의 법에 따라서 하나님은 세상을 심판하고 그의 정의 안에 개입한다는 사실에 주목하자.

"여호와여, 나의 의와 나의 성실함을 따라 나를 심판하소서…."^{시7:8}
여기에서 말하는 심판은 영원한 정의나 하나님 앞에서 법의 문제에 국한되는 것이 아니라, 악인들과 원수에 맞선 정의의 문제이다. 성서에서 하나님은 법을 침해하는 자들에 맞선 '어떤 사람'의 권리를 지키시는 자로, 다시 말해 억압당하는 자의 권리를 지키는 보증인으로 나타나신다. 그는 심판을 통해서 폭력에 침해당하는 법적 상황을 회복시킨다. 물론 이 심판은 예언과 예수 그리스도 안에 있는 심판과 다르게 해석될 수 없다 하나님은 이처럼 인간의 영역 안에 자리잡는다. 이것은 특히 시편 50편 16절 이하의 텍스트에서 분명해진다. "악인에게는 하나님이 이르시되 네가 어찌하여 내 율례를 전하며 내 언약을 네 입에 두느냐. 네가 교훈을 미워하고 내 말을 네 뒤로 던지며 도둑을 본즉 그와 연합하고 간음하는 자들과 동료가 되며 네 입을 악에게 내어주고 네 혀로 거짓을 꾸미며 앉아서 네 형제를 공박하며 네 어머니의 아들을 비방하는도다." 하나님은 개인의 상황을 고려하면서 자신의 정의를 표현하는데, 이것이 바로 심판에 관한 일관된 기준이다. "주권자에게 은혜를 구하는 자가 많으나 사람의 일의 작정은 여호와께로 말미암느니라."^{잠29:26} 따라서, 개별적 상황을 고려하지 않고 전체로*in globo* 적용되는 정의는 존재하지 않는다. 다만, 개인의 상황을 고려하면서 하나님의 의지가 적용될 뿐이다. 이것이 바로 예수 그리스도가 "나는 들은 대로 심판할 뿐이다."^{요5;30}라고 말할 때, 그가 우리에게 전하고자 했던 진정한 메시지이며, 달란트 비유에서 게으른 종의 변명에 대해서 준엄한 답변으로 끝마치며 우리에게 전하고자 했던 메시지이다. "주인이 대답하여 이르되, 네가 한 말에 대해서 심판하노라. 악하고 게으른 종아, 나는 심지 않은 데서 거두고 헤치지 않은데서 모으는 줄로 네가 알았느냐…."^{마25:26}

전반적으로 살펴보면, 우리가 말하는 법은 개인의 상황을 고려할 수 있을 것 같은 객관적인 법에 관한 것이 아니다. 사실은 그와 반대로, 개인의 권리를 고려하고 권리를 회복시키기 위해서 하나님의 의지가 개입하는 것은 사실상 객관적인 법이 아니라 개인의 구체적인 상황에 관한 것이다. 그런데, 인간의 이런 권리는 본래 인간이 그것을 가지고 있는 것이 아니며, 본성으로 지니고 있는 것도 아니다. 다시 말해, 인간이 마치 하나님 앞에 당당히 설 수 있는 권리를 부여받은 것처럼 여길 수 있는 태생적인 권리가 아니다. 우리가 어떻게 권리를 부여받는지 알아야 하겠지만, 여기에서 우리는 '법'에 대해서 말하고 있는 것들을 보충하기 위해서 변함없는 진리를 먼저 기억해야 한다. "참으로 나에 대한 판단이 여호와께 있고 나의 보응이 나의 하나님께 있느니라."사49:4 하나님 안에 있으며, 하나님이 인간에게 주신 권리 외에 인간에게 다른 권리가 있을 수 없다. 이것이 바로 성경에서 가난한 자, 과부, 나그네의 권리를 인정하라고 끊임없이 강조하는 이유이다. 하나님 앞에서 진정한 권리를 지닌 자들은 바로 그들이기 때문이다. 왜냐하면 그들은 오직 하나님 안에서만 권리가 있기 때문이다. 부자와 권력자는 부유하고 권력이 있기 때문에 불의한 것이 아니라, 그들의 권리가 부나 권력 안에 있기 때문에 불의한 것이다. 그 순간부터, 즉 그들이 부와 권력이라는 법 아닌 법에 안주하는 순간부터 하나님은 그들을 위해서 개입하지 않는다. 권력자가 만든 권리는 진정한 권리가 아니기 때문이다. 이에 대해서 자세하게 알기 위해서는 하나님이 심판하기 위해서 사람을 부르시고, 스스로 변론하라고 말씀하시는 예언적 텍스트들을 상기하는 것으로 충분하다. 논증은 언제나 이렇게 요약된다. "와서 네 법을 진술하라. 네 우상들과, 권력과, 지혜로 네 자신을 변론하라." 애써 진술한들 그 사람은 이미 불법의 상황에 갇혀있기 때문에, 달리 표현해서 자신의 정당한 권리를 내세울 수 없는 상황 안에 있기 때문에 그의 진술은 결코 성공할 수 없다. 스스로 변론할 수 없는 상황, 이것이 하나님 앞에서 '모든 인간'이 처한 실제 상황이다. 이스라엘에는 예수 그리스도라는 오직 한 명의 '가난한 자'가 있을 뿐이다. 예수 그리스도만이 유일하게 하나님 앞에서 권리가 있으며, 오직 '그' 안에서 사람들은 하나님으로부터 권리를 부여받을 수 있다.

이것은 처음부터 존재하는 객관적인 법과 영원한 법에 대한 개념을 근본적으로 부인하는 것이다. '법'은 하나님의 심판들에 의해서 형성될 뿐이며, 이 심판들은 인간의 권리들에 의거해서 형식을 갖춘다. 이른바 원래부터 세속적인 법은 존재하지 않는다. 인간이 법이라는 이름으로 구성하는 모든 것들은 어김없이 '불법'Non-Droit)이며, 우리가 앞에서 간단히 말했던 대로 불법적 상황이다. 그렇다면 문제는, 법에 대한 부정이 결정적인지 밝혀야 하는 것이다. 다시 말해 법을 부정하기 때문에 모든 법적 논의를 중단한 채, "세상의 법은 절대로 무의미하기 때문에 하나님의 법을 기다리자"라고 결론을 내려야 하는지 분명히 답변해야 한다. 이렇게 주장하는 것은 결국 예수 그리스도의 강생을 송두리째 부정하는 것이다. 계시는 이에 대해서 우리가 중단하지 않고 더 나아가라고 요구한다. 그전에 한 가지 사실에 먼저 주목한다. 우리가 지금까지 말했던 것은 세상의 법에 대해서 심각한 문제들을 포함하고 있다. 우리에게 자신의 행위를 이해시키기 위해서 하나님이 인간의 제도들 가운데에서 선택한 법적인 틀은 사실상 행위의 본질이 아니라 형식이다. 하나님이 자신의 뜻을 표현하기 위해서 형식을 선택했다는 것은 결국, 하나님은 모든 법의 체계에 '그가 원하는 방향'을 제시하셨다는 의미가 된다. 한편으로는 교육적인 목적 때문에 하나님에 의해서 선

택된 법의 형식이 있고, 다른 한편으로는 형식의 선택에 따라서 인간의
법 체계가 감당해야 하는 역할이 있다. 우리는 하나님이 자신의 행위를
'이렇게' 표현했다는 사실을 배제할 수 없다. 법은 더 이상 하나님의
선택과 분리해서 생각할 수 없다. 그때부터 하나님의 선택이라는 말은
결론적으로 법은 하나님이 작정하신 것과 같아야 한다는 의미를 내포
하는 것이다. 달리 말해서 심판-정의- '법' 의 메커니즘에서 법은 본질
상 규범적이다. 이 메카니즘은 결국 하나님의 역사와 유비34)이기 때문
이다.

---

34) 역주:두 개의 서로 다른 대상 사이에서 어떤 관점에서 볼 때 서로 일치하는 공통점
    이 있는 것을 말한다.

3. 언약

방금 우리가 말했던 것은 매우 불완전하다. 한편으로 인간의 법에 대한 내용이 결여되었으며, 다른 한편으로 인간의 권리에 대한 기원이 빠져있다. 언약은 이에 대해서 어떤 대답을 제시할 수 있을 것이다.

언약이란 무엇인가? 그것은 다른 무엇보다 은혜이며, 어원인 berith에 이미 의미가 담겨있다. berith 즉 언약은 '선택하다', '선출하다'의 의미를 지닌 berith와 같은 형태소에 속한다. 다시 말해 언약은 무엇보다 하나님이 동역자를 선출하고 선택하는 행위다. 따라서 언약은 은혜의 행위를 의미하는 동시에 자유로운 은혜를 말한다. 하나님은 그가 원하는 사람과, 그리고 그가 원할 때 인간과 언약을 맺는다. 하나님은 언약을 맺기 위해서 어떤 것에도 구애받지 않는다. 즉, 하나님은 사람과 계약을 맺기 위해서 하나님의 고유한 의지와 사랑의 본성 외에 다른 어떤 것에도 지배받지 않는다. 모든 언약은 하나님의 행위의 흔적을 지닌다. 우리가 곧 보겠지만, 언약은 어떤 내용이든 상관없이 전적으로 하나님에게 종속하는 것이다. 언약의 한계, 특징, 조건, 신호를 결정하는 것은 하나님이다. 현대적인 용어로 표현하자면, 하나님의 언약은 '가입계약'에 가깝다고 말할 수 있다. 그렇다면, 계약의 쌍방 가운데 한쪽이 모든 조건을 결정짓고, 상대방은 가입만 할 수 있을 뿐이다. 언약에서 하나님이 인간에게 요구하는 모든 것은 결국 하나님이 결정하는 것에 대해서 스스로 서명하는 것뿐이다. 성서에서 우리에게 계시된 모든 언약들은 예외없이 이런 유형에 속한다. 아담, 노아, 아브라함, 모세와 맺은 언약이 모두 그렇다. 그리고 언약에서 하나님은 마침내 자기를 계시하신다. 계시 안에서 언약은 은혜와 선택을 알리는 신호가 된다. 그러나 하나님은 전능하고, 초월적이며, 삼위의 하나님으로 자신을 계시하는 것이 아니라 인간에게 가까이 다가와서, 인간과 함께 동행하는 임마누엘로 자신을 계시한다. 따라서 언약은 계시된 하나님이 무엇을 의미하는지 분명히 밝혀준다.

＊　＊　＊

　언뜻보면 언약은 분명히 하나의 계약이다. 그러나 우리가 그런 관점에 머물면 절대적으로 불충분한 겉모습만 볼 수 있을 뿐이다. 물론, 계약을 위한 언어를 서로 주고받으면서 하나님과 인간 사이에 세워진 관계인 것은 분명하지만, 성경을 보다 깊이있게 연구하면 언약이 얼마나 풍부한 내용을 담고있는지 알 수 있다. 언약에서 가장 중요한 개념은 심판이다. 하나님은 심판하시면서 자신의 정의를 드러내시고, 은혜를 베푸시며, 그의 언약을 제시하신다. 아담의 경우가 그렇다.창세기 3장 하나님은 그를 심판하시고, 불순종으로 말미암아 아담은 사형을 선고받는다. 그러나 하나님은 은혜를 베푸시며 그의 생명을 지켜주신다. 그때 하나님은 조건을 제시하시면서 새로운 상황을 만드신다. 죄로 말미암아 아담이 하나님과 맺었던 관계를 끊었지만, 하나님은 은혜를 베푸셔서 아담과의 관계를 회복시킨 새로운 상황이다. 노아의 경우는 이렇다.창세기 7장 하나님은 온 세상을 심판하시고, 죄가 만연한 세상을 정죄하신다. 대홍수를 일으켜 정의를 실현하시지만, 노아에게 은혜를 베푸셔서 그의 생명을 구해주신다. 노아를 살리신 다음에, 그리고 그가 심판을 통과하게 하신 다음에 하나님은 노아를 대표로 삼아서 모든 인류와 더불어 언약을 제시했다. 반면에 아브람의 경우는창세기 14장에서 17장 까지 이처럼 간단하지 않다. 하나님이 아브람과 맺은 복잡한 언약에는 이스라엘 백성과 압제자들에게 내려지는 심판이 뒤따른다. 한편으로 언약은 아브람이 이방의 왕들과 싸우면서 실행한 예언적 행위를 통해 서 그에게 계시되었다. 다른 한편으로 언약은 꿈에서 계시되었다. "너 는 반드시 알라. 네 자손이 이방에서 객이 되어 그들을 섬기겠고 그들 은 사백 년 동안 네 자손을 괴롭히리라. 그들이 섬기는 나라를 내가 징 벌할지며 그 후에 네 자손이 큰 재물을 이끌고 나오리라…"창15:13 이처 럼, 하나님이 아브람에게 언약을 계시하신 것은 언제나 심판이 끝난 다 음이었다. 모세의 언약은 새삼 상기시킬 필요조차 없다! 처음의 언약출 24장은 그 이전에 이중의 심판이 있었다. 홍해에서 애굽 백성을 전멸시 킨 준엄한 심판과, 광야에서 불평하며 수군거리다가 끝내 반란을 시도 한 이스라엘 백성에게 내려진 무서운 심판이다. 이것은 매우 특별한 의 미가 있다. 하나님의 심판이 세상과 선택받은 백성에게 병행해서 내려 졌기 때문이다. 모세와 맺은 두 번째 언약출 34장은 그 이전에 황금 송아 지를 만든 이스라엘 백성에게 내린 무서운 심판이 있었다.

앞의 모든 예에서 보듯이 항상 심판 이후에 언약이 있다. 왜 그럴까?

하나님이 내린 심판은 언제나 하나님을 떠난 죄인들에 대한 정죄였 으며, 그것은 사실상 죽음에 처하는 무서운 형벌이었지만 생명의 주인 이신 하나님을 떠난 자들에게는 당연한 상황이었다. 우리가 앞에서 보 았듯, 여기에서 언약에 포함된 은혜의 개념이 개입한다. 하나님은 사형 을 선고한 사람에게 은혜를 베푸신다! 그것은 추상적인 은혜하나님이 어 쨌든 생명을 지키시리라는 단순한 기대로서가 아니며, 무조건적인단순한 선의(善 意)에 의한은혜도 아니다. 하나님이 하나님으로 계시되는 은혜이며, 인간을 위해서 단호한 의지를 지닌 하나님으로 자신을 계시하는 은혜이다. 태초에 아담과 맺은 언약처럼, 다시 말해 언제나 언약 안에서 역사하시는 하나님이 인간과 처음 맺었던 언약처럼 하나님은 인간이 죄로 말미암아 단절시킨 관계를 회복시키신다. 그는 자신의 의지를 전하면서 관계를 회복하지만, 그것은 결코 전제적이거나 자의적인 의지가 아니라 인간을 '위한' 의지이다. 그것이 바로 하나님이 변함없이 '나의 언약'이라고 표현하시는 이유이다. 두 단어가 마치 상반되는 것으로 보이지만, 사실은 언약이 하나님께 속했다는 것을 강조하는 것이다. 그러나 언약은 사람이 굴종할 수 밖에 없는 추상적이고 영원한 법령의 형식 아래에서 이루어지는 것이 아니라, 언제나 계약의 형식으로 이루어진다.

달리 표현하면, 하나님에게 속한 법을 이해하기 위해서 우리가 본질적이라고 판단했던 회복의 개념을 여기에서 다시 만난다. 실제로 하나님은 언약의 행위를 통해서 피조물이면서 동시에 자유의지를 지닌 존재로서 인간의 일반적인 상황을 회복시킨다. 이것은 앞에서 말했던 '나의 언약'이라는 단어가 설명하는 내용과 정확히 일치한다

이 행위를 통해서 하나님은 피조물의 실제적인 상황에 처해있는 인간을 회복시키며, 인간의 회복은 두 가지 방식으로 나타난다. 즉, 언약 안에서 하나님은 인간의 생명을 지키시면서 그의 절대주권을 인간 위에 세우시는데, 그것은 모든 언약들에 담긴 동일한 표현을 통해서 뚜렷히 나타난다. 즉, 아담의 언약을 통해서 하나님은 생명 보전의 조건을 제시한다. "내가 네게 임신하는 고통을 크게 더하리라"라고 하와에게 말씀하셨다. 그리고, 아담과 언약을 맺자마자 "아담이 그의 아내의 이

름을 하와라 불렀으니, 그는 모든 산 자의 어머니가 되었다."창3:20라고 성경은 하나님의 언약을 기록했다. 노아와 더불어, "생육하고 번성하여 땅에 충만하라."창9:1라고 말씀하셨고, 아브라함에게 "너는 여러 민족의 아버지가 될 것이다."창17:4라고 말씀하셨다. 모세와 맺은 언약은, 이스라엘 백성은 하나님과 맺은 언약 안에서만 살 수 있다는 선언으로 끊임없이 반복되는 하나님의 율법이다. 언약의 행위 안에서 하나님은 그의 은혜로 사는 사람은 반드시 그에게 속한다는 사실을 분명히 밝혔다. 이것은 에스겔에 의해서 더욱 강하게 표현되었다. "내 옷으로 너를 덮어 벌거벗은 것을 가리고 네게 맹세하고 언약하여 너를 내게 속하게 하였느니라. 나 주 여호와의 말이니라."겔16:8 이처럼 언약 안에서 인간은 피조물의 자리로 되돌아온다. 그러나 자유의지를 지닌 피조물의 자리로, 다시 말해 하나님과 대면해서 살 수 있는 자리로 돌아온다. 이런 생각은 언약-계약의 개념 자체에 담겨있다. 하나님이 이같은 형식을 선택했다는 사실 자체로 인해서 사람은 그를 위한 물적 대상이 아니라는 의미가 된다. 사실상 어떤 것도 하나님 앞에서 독립적일 수 없지만, 자유의지를 지닌 인간은 어떤 경우에도 기계적인 존재가 아니다. 인간은 하나님과 계약을 맺을 수 있는 존재이며, 하나님이 자유를 부여한 존재로서 비록 피조물이지만 하나님 앞에서 살아있는 존재라는 것을 의미한다. 하나님은 노예에게 대하는 것처럼 사람에게 조건을 강요하지 않는다. 자유로운 인간에게 하나님은 조건들을 제시하고 스스로 받아들이라고 요청하면서 인간의 의지를 존중한다. 따라서 선택과 선출을 의미하는 언약의 개념은 언약 자체와 더불어 인간의 존엄성을 함축한다. 사람들 사이의 계약과, 하나님과 인간 사이의 언약들을 표현하기 위해서 동일한 단어들을 사용했다는 사실이 이를 증명한다. 또한, '계약을 체결하다' 라는 반복된 동사를 통해서도 어렵잖게 의도를 알 수 있다. 양방이 동등한 입장에서 체결하는 일반적인 계약처럼, 여기에서도 논쟁이 있고 거래가 있다. 그러나 여기에서 쌍방은 동등하지 않으며, 언약은 사실상 '가입 계약' 에 해당한다는 것을 우리는 이미 알고 있다. 이것은 근본적이라고 생각되는 두 개의 사실이 연합될 때 비로서 나타난다. 즉, 하나님은 자신의 언약을 이루기 위한 조건들을 제시한다. 그리고, 제시된 여러 조건들을 통해서 생명을 유지할 수 있는 하나의 조건을 만든다. '만약에' 사람이 하나님이 제시한 조건들을 준수하면 언약이 유지되지만, 반대의 경우에 언약은 파기되고 그 자리에 불순종의 신성모독이 남는다. "땅이 또한 그 주민 아래서 더럽게 되었으니 이는 그들이 율법을 범하며 영원한 언약을 깨뜨렸음이라."사24:5 불순종하는 인간은 언약의 준엄한 관계 안에서 죽을 수 밖에 없다. 순종이 피조물의 특성을 유지하는 것이기 때문이다. 우리가 보았던 것처럼, 하나님은 인간에게 생명을 주시고 생명을 유지시키기 위해서 조건들을 제시한다. 생명의 주인은 하나님이시기 때문에 인간이 생명의 언약을 받아들이지 않는다면, 그리고 언약을 받고나서 지키지 않는다면 피조물인 인간에게는 죽음이 뒤따른다.

이처럼, 하나님은 자신의 조건들을 언약을 통해서 인간에게 자유롭게 제시한다. 그것은 언약 안에, 다시 말해 선출과 은혜 안에 있는 조건들이다. 언약을 받아들이는 것은 인간이 선택한 결과가 아니라, 하나님에 의해서 인간이 선출된 결과이기 때문이다.

＊　＊　＊

하나님이 제시하는 조건들은 무엇인가? 조건들은 어떻게 나타나는가? 그것들은 우선 하나님의 율법으로 나타난다.35) 언약과 율법의 관계는 언제나 변함이 없다. 하나님은 아담에게 출산, 부부관계의 단절, 일과 죽음의 고통에 대한 율법을 제시한다. 창3:16-19

노아에게 세상에 대한 인간의 지배, 살인의 금지, 그리고 주술의 금지에 대한 율법을 제시한다. 창9:1-7 아브라함에게는 선민과 이방인 사이의 구별에 대한 율법을 제시하며, 이 구별은 모세의 율법에 의해서 한층 강화된다. 언약과 율법의 관계는 이처럼 끊임없이 반복된다. "그 날에 여호수아가 세겜에서 백성들과 더불어 언약을 맺고 그들을 위하여 율례와 법도를 제정하였더라." 수24:25 그리고, "아브라함과 맺은 언약이고⋯야곱에게 세우신 율례 곧 이스라엘에게 하신 영원한 언약이라." 시105:9-10 이것은 무엇을 의미하는가?

이것은 무엇보다 하나님이 사람과 대면해서 어떤 법, 즉 그의 율법을 세웠다는 것이다. 하나님이 제시한 조건들은 그의 심판의 결과이며 정의의 표현이다. 결론적으로 그것들은 우리가 추론했던 법의 개념들에 정확히 부응한다. 율법은 하나님이 언약 안에서 회복시켰던 상황들이 그대로 유지될 수 있는 조건이다. 따라서, 인간은 계시에 의해서 법이 무엇인지 분명히 알 수 있다. 그러나 율법은 사회의 조직체계가 아니라 인간에게 요구된 생존조건이다. 인간의 상황은 무턱대고 살 수 있는 것이 아니다. 물리적이든, 도덕적이든, 법적이든, 명백한 조건들이 인간에게 요구된다. 사람이 먹지 않고 살 수 없듯이 율법과 관계를 맺지 않고 살 수 없다. "여호와께서 우리에게 이 모든 규례를 지키라 명령하셨

---

35) 역주: 여기에서 말하는 율법은 모세의 율법과 전적으로 일치하지 않는다. 부분적인 일치가 있지만, 저자는 모세 이전까지 포함해서 보다 포괄적으로 '하나님이 인간에게 제시하는 구체적인 명령' 의 의미로 사용했다. 역자

으니 이는… 우리를 오늘과 같이 살게 하려 하심이라."신6:24 "너는 마땅히 공의만을 따르라. 그리하면 네가 살겠고…."신16:20 우리가 언약과 생명의 관계에 대해서 이미 말했기 때문에 이것은 당연하게 느껴진다. 그러나, 여기에서 주어진 것은 '그 법'이 아니라는 사실을 분명히 밝히고 있다.36)

언약의 행위 안에서 하나님은 인간의 권리들을 인정한다. 언약은 하나님과 단절된 인간을 말그대로 법 밖에 버려진 상태로 내버려두지 않는 것이다. 그것은 인간의 상황이 회복된 결과이기도 하다. 하나님으로부터 인간은 자신에게 제시된 일련의 법들을 부여받는다. 피조물을 지배하는 법, 죽었다면 보복할 수 있는 법, 식량을 위해서 동물을 죽일 수 있는 법과 더불어 문서에 기록된 것을 지켜야 하는 법들이 있다. 그러나, 인간이 '법의 주체'로서 하나님과 계약을 맺을 수 있다는 권리로 인해서 인간의 법들이 더욱 확대되었다는 사실을 생각해야 한다. 그러나 법에 대한 개념은 하나님이 인간과 함께 공동으로 계약한 상황에 종속하게 된다. 달리 말해서 하나님은 인간에게 법을 주셨고, 그의 언약이 효과적인 언약이 되게 하기 위해서 법의 상황 안에 인간을 두셨다.

마침내 언약의 행위 안에서 하나님은 법의 존재를 승인한다. 나중에 자세히 밝히겠지만, 그것은 법적인 관점에서 인간이 채택한 형식을 하나님이 사실로 인정한 것이다. 언약의 개념은 이처럼 인간적인 개념이며, 언약37)을 위한 계약은 하나님의 행위에 대한 형식화로서 하나님에

---

36) 역주:저자가 대문자로 표현한 '그 법'(Le droit)은 하나님의 고유한 법으로서 소위 '절대법'을 의미한다. 이스라엘에 제시된 율법은 선민의 율법이며, 보편적인 절대법이 아니다,

37) 역주: 언약, 즉 Alliance의 본래 의미는 '동맹', 또는 '연합'이다. 따라서 언약과 계약은 동의어나 유사어가 아니다. 저자는 언약과 계약을 구별해서 사용했다,

의해서 법적 형식으로 받아들여진다. 그것은 결국 하나님의 행위를 인간에게 표현하기 위해서 하나님이 선택한 방법이다. 마찬가지로, 언약의 형식화는 인간의 법을 통해서 유효하게 재현된다.(예를 들면, 하나님이 제물 사이를 지나가는 아브라함의 희생제사가 있다)창15:17 하나님이 주시는 언약의 보증들은 법의 개념에 정확하게 부응한다. 예를 들면, 땅과 하늘 사이의 '관계'를 나타내는 무지개는 언약의 보증이며, 하나님의 언약이 쌍방 사이에 유효하게 맺어졌다는 증거가 된다.창9:16

우리가 보기에 이것이 바로 언약의 개념이 법의 영역 안에 뚜렷히 나타나는 것이다.

*　　*　　*

그러나, 언약과 예수 그리스도 사이의 관계를 살펴보지 않는다면 지금까지 우리가 말했던 모든 것은 여전히 불충분한 상태에 머물 것이다. 그것들은 예수 그리스도가 언약을 이루기 위해서 세상에 오시기 때문에, 그리고 전혀 새롭고 최종적인 언약을 체결하기 위해서 세상에 오시기 때문에 비로서 사실로 존재하는 것이다. 예수 그리스도가 제시하는 '새 언약'은 완전히 새로운 언약으로, 이전의 '모든' 언약들에 대해서 예외없이 어떤 의미와 가치를 부여한다. 따라서 과거의 언약들은 예수 그리스도 안에 있는 새 언약의 유형이며 예언일 뿐이다. 그러나, 예수 그리스도는 지난 언약을 완수하며, 절대로 변개하지 않는다. 따라서 지금까지 우리가 말했던 모든 것이 그대로 유지되지만, 언약들 사이의 심층적인 관계와 의미들을 발견하는 일이 남아있다.

예수 그리스도의 새 언약에 따라서 근본적인 심판이 내려지기 때문에 이것은 더 이상 변할 수 없는 결정적인 언약이다. 예수 그리스도의 피를 통해서 하나님이 인간을 속량했기 때문에 속량받은 인간이 전적으로 하나님의 소유라는 것이 명백히 밝혀진 언약이다. 우리가 이미 보았듯이, 그것은 하나님과 인간 사이의 관계가 회복되는 언약이기도 하다. 요컨대 그리스도의 언약은 하나님이 자신의 정의를 예수 그리스도 안에서 제시하신 언약이다.

그러나 이 언약이 함축하는 개념들을 분명히 규명해야 한다. 무엇보다, 우리는 새언약 안에서 인간의 권리가 회복되었다는 사실에 주목한다. 우리는 지금까지 각각의 구체적인 언약을 통해서 인간의 권리가 주어지는 것을 보았다. 즉, 언약은 인간의 권리를 위해서 완전한 기초를 세우는 것이다. 예수 그리스도가 불의일 수 밖에 없는 인간의 정의를 없애는 동시에, 그는 인간에게서 기존의 소유들, 권력들, 법들을 제거하면서 마침내 새로운 권리들을 제시한다. 왜냐하면, 예수 그리스도가 인간을 위해서 새로운 권리들을 획득하기 때문이다. 새로운 언약 안에서 예수 그리스도는 피를 흘린 희생제물일 뿐 아니라[38], 모든 사람을 대표해서 하나님과 계약을 맺은 인간이다. 예수는 하나님이 동의한 유일한 인간이기 때문에 하나님은 오직 그를 통해서 모든 인류를 감찰하신다. 이것이 바로 대속의 신비이며, 이를 통해서 예수 그리스도가 인간의 권리들을 확증하는 것이다. 따라서 인간은 예수 그리스도를 내세울 수 있기 때문에 본래 권리가 없는 것이 아니라고 당당히 말할 수 있다. 유대인같은 특정한 사람들이 아니라 모든 인간이 그렇게 말할 수 있다. 왜냐하면, 예수 그리스도가 모든 사람들을 위해서 죽었기 때문이다. 그때부터 다른 사람들에게는 무의미하고 다만 그리스도인들을 위

---

38) 예수의 피는 새 언약의 보증이다

해서 존재하는 배타적인 '법'은 존재하지 않는다. 모든 사람이 예수 그리스도의 형제이며, 예수 그리스도 안에서 모든 사람이 차별없이 권리를 부여받는다. 그렇다면, 가장 중요한 인간의 권리는 예수 그리스도를 당당히 주장할 수 있는 권리다. 예수 그리스도 때문에 더 이상 어떤 자도 역사 안에서 일어나는 사건들에 무턱대고 버려지지 않으며, 더 이상 법적인 전제에 하릴없이 갇히지 않는다. 또한, 예수 그리스도 때문에 사람들이 더 이상 과거로 돌아갈 수 없는 새로운 법이 등장한다. 하나님은 인간의 지난 법들을 영원한 가치로 만들지 않았으며, 어떤 사람도 예수가 죽었다가 부활했다는 역사적 사실을 부인할 수 없다. 이것이 바로 새언약 안에서 거듭난 인간의 법을 객관적으로 세우는 명백한 근거가 된다.

　다른 한편, 예수 그리스도는 그의 죄로39), 그리고 그의 생명 전체로 모든 인류의 죄를 수용했다. 따라서 인간의 삶에서 나타나는 어떤 영역도 예수 그리스도에게 생소하지 않다. 인간이 만든 법과 법적 규범들이 죄에 내재하고 있기 때문에, 또한 그런 규범들이 죄의 표현들이기 때문에 예수 그리스도는 그것들까지 모두 수용한 것이다. 예수 그리스도가 세상의 재판권을 인정하고 그를 고발하는 법 체계를 받아들였다는 것은 그가 세상의 법적 규범들을 받아들였다는 분명한 증거이다. 이런 관점에서 보면, 예수 그리스도가 세례받는 장면과 고발당하는 장면 사이에 매우 중요한 상관관계가 성립한다. 성경에서 밝히듯이, '하나님의 아들'은 '모든 정의를 이루기 위해서' 마3:15 침례에 복종한다. 그렇다면, 예수 그리도스가 완전해지고 전적으로 유용해지는 것은 그가 침

---

39) 역주: 예수 그리스도에게 죄가 있다는 말이 아니라 세상의 죄를 대속했다는 뜻이다.

례를 받았기 때문이며, 또한 침례가 그에게 합당하기 때문이다. '하나님의 아들'은 이처럼 인간의 정의에 복종했다. 이는, 예수 그리스도에게 세상의 법률이 적용되면서 마침내 성서의 예언들이 성취돼야 하기 때문이다.마26:54 "유대인들이 대답하되, 우리에게 법이 있으니 그 법대로 하면 그가 당연히 죽어야⋯."요19:7 예수 그리스도는 세상법의 불의를 기꺼이 수용했다. 어떤 면에서는 이런 불의가 하나님의 의지의 표현이기 때문에 인정한 것이다. "위에서 주지 아니하셨더라면 나를 해할 권한이 없었으리니⋯"요9:11 예수 그리스도는 법을 대표하는 자의 부당한 심판에 자신을 맡겼으며, 이 법으로 그는 인간의 의인義認을 실현하는 도구로 삼았다. 그는 복종하면서 법의 기초를 세우고, 법이 그 자체로 지닐 수 없는 의미를 법에 부여한 것이다.

우리는 이것을 주목해야 한다. 우리가 지금 말한 이 법은 하나님의 법이 아니라 인간이 만든 여러 법들 가운데 하나의 법이다. 따라서 이 법은 그 자체로 정의로운 것이 아니지만 하나님에 의해서 인정받았고, 예수 그리스도 안에 수용되었다는 사실이 매우 중요하다. 이것이 법의 분야에서 정확하게 무엇을 의미하는지 곧 알게 될 것이다.

*　*　*

사실상 언약은 하나님의 정의와 동일한 특징을 가지고 우리에게 나타난다. 언약은 결국 하나님의 정의를 표현하는 것이기 때문에 이 말은 그리 놀랄 일이 아니다. 그렇다면, 굳이 이렇게 주의깊게 분석하면서 언약을 연구할 필요가 있는가? 하나님의 정의에 대해서 지금까지 말했던 것에 만족할 수 없는가? 그러나 언약은 세 가지 관점에서 더 나아갈 것을 요구한다.

 1) 언약은 '인간'이라는 새로운 요소를 개입시킨다. 지금까지 우리는 계시 안에서, 즉 하나님이 우리에게 보여주신 범위 안에서만 하나님의 정의를 고려할 수 있었지만, 그것은 인간과 더불어 맺어지는 유기적인 관계에서 벗어난 것이다. 다시 말해, 법의 연구에서 인간은 지금까지 하나의 객관적인 대상에 지나지 않았다. 하나님의 정의가 사실상 추상적이었지만, 언약 안에서 구체적인 모습을 드러낸다. 인간은 언약 안에서 법의 요소로 참여하며, 더 이상 대상의 자리에 머물지 않는다. 언약을 통해서 인간은 법의 주체로서 정당한 자격을 얻기 때문이다. 결론적으로 말해서 우리는 언약 안에서 하나님의 법과 인간이 만나는 장소를 발견한다.

 2) 우리가 지금 말하고 있는 모든 것은 언약을 통해서 분명해진다. 법은 하나님의 행위이며, 법을 세우는 하나님의 행위는 언약이다. 요컨대, 언약은 살아 움직이는 하나님의 정의이며 인간의 법과 전혀 상관없이 절대적인 것이다. 그것은 하늘에서 세워진 원칙으로, 전적으로 신비한 사건으로 세상에 모습을 드러내는 어떤 현상과 깊은 연관이 있다. 언약을 통해서 모든 것들이 인간의 상황과 관계를 맺는다. 언약은 하나님의 정의와 인간 사이를 잇는 일종의 교량을 만들며, 완전한 법과 인간의 법 사이의 관계들 가운데 하나의(다른 것들은 나중에 살피겠다) 중요한 관계이다. 동시에 그것은 세상법의 모든 핵심이 구체화되는 지점이다. 이는 자연법에 관한 것이 아니며, 엄밀히 말해서 '초자연적인' '어떤' 법에 해당한다.

　3) 마지막으로, 언약 안에서 인간의 권리는 은혜로 나타난다. 만약에 인간의 권리가 언약에 근거하는 것이라면, 그것은 권리에 본질적으로 내재된 가치가 있기 때문이 아니다. 본성적이거나 필연성 때문도 아니며, 다만 하나님의 자유로운 선택 때문이다. 이른바, 하나님이 은혜를 베푸시기 때문에 인간에게 권리가 주어지는 것이다. 다시 말해, 하나님이 아담에게 은혜를 베푸셨기 때문에 권리가 주어졌고, 노아에게 은혜를 베푸셨기 때문에 노아에게 권리가 주어졌던 것이다. 이것은 아무런 설명도 하지 않은 채 모든 일에 무턱대고 적용시키는 공허한 말이 아니다. '법은 하나의 은혜이다…' 라며 추상적으로 말하는 데 그치지 않는다. 어떤 점에서 언약을 은혜라고 말할 수 있는지 이미 살펴보았다. 그것은, 죽음에 처한 사람에게 은혜가 제시하는 가치만큼 구체적이며 중요한 의미를 지닌다. 이런 의미에서 우리는, 우리에게 권리를 부여하신 은혜의 의미를 이해해야 한다. 그것은 인간의 일반적인 법률과 다른 것이며, 그 자체로는 인간과 상관이 없는 추상적인 규범과도 다른 것이다. 어떤 본성, 이를테면 우리가 이유를 모를망정 인간의 어떤 소유보다 소중한 가치가 있다고 생각하는 본성과도 일치하지 않는다.

　이것이 우리를 자연법으로 이끈다.

3장. 자연법과 완전한 법

1. 자연법은 기독교의 교리인가?

그리스도인들이 대부분 자연법의 지지자들이라는 주장은 이미 오랜 전통에 속한다.40) 칼뱅도 이런 이론을 지지하지 않았는가? 사실상 정의로운 법과 동일한 의미로서 자연법의 기초를 세우기 위해서 계시로부터 출발한 모든 논증들은 다음의 세 가지 개념들에서 비롯되는 것 같다. 즉, 인간의 개념 – 정의正義의 개념 – 법률의 개념이다.

1) 인간의 개념 : 사실은 죄악이 인간을 하나님으로부터 완전히 분리시키지 않았다는 주장이 있다. 그렇다면 인간은 다른 사람들을 위한 자유의지가 있으며, 다른 사람들에 대한 정의의 감정이 있고, 선을 깨닫고 실행하는 능력이 있을 것이다. 여기에서 우리가 죄악의 문제를 다시 다룰 수는 없을 것이다. 다만 우리는 인간이 죄로 말미암아 하나님에게서 완전히 멀어졌으며, 이로 인해서 죽을 수 밖에 없다는 분명한 사실을 주시한다. 하나님이 인간의 생명을 지킨다면 그것은 인간이 아담의 속성을 본성적으로 유지한다고 믿기 때문이 아니다. 우리는 인간이 죄로 말미암아 근본적으로 타락했다고 믿는다. 따라서, 자연법의 기초가

---

40) 스콜라 철학자들의 '공동선' 의 개념은 자연법의 형식으로 귀결된다. 토마스 아퀴나스에 의한 세 가지 법체계, 즉 영원법(lex aeterna), 자연법(lex naturalis), 실정법(lex humana) 사이의 구별은 자연법이 법체계의 중심축이 되지 않는 한 이해할 수 없다.

되는 하나님의 형상이 인간의 내면에 보존되어있다는 주장을 받아들일 수 없다. 인간이 하나님의 형상대로 창조되었다는 것은 인간에게 정의와 법의 개념을 제시해야 하는 죄를 짓고도 인간의 내면에 하나님의 원상原狀:Imago dei이 그대로 남아있다는 뜻이 아니다. 칼뱅이 법에 대해서 말하면서 하나님의 형상이 붕괴되었다고 주장할 때 결국 그도 여기에 동조하지 않는 것이다. 여기에서 ' 남아있다 '라는 말은 사실상 칼뱅이 주장한 것이 아니기 때문에 무슨 근거로 그렇게 주장하는지 우리는 당연한 의문을 가질 수 있다. 피조물인 인간이 정의가 무엇인지 분명히 알고있다면 왜 인간은 '본성으로' 정의로운 것을 실행하지 못하는가? 그리고, 인간이 스스로 선한 것을 알고 또한 실행할 수 있다면 예수 그리스도가 무슨 의미가 있는가? 만약에 선한 것을 알고 있으면서도 스스로 실천하지 못하는 인간의 의지에 죄의 책임을 묻는다면, 결국 법적인 관점에서 우리가 얻었다고 생각했던 모든 것들을 무의미하게 만들 뿐이다. 왜냐하면, 사람이 선을 알면서도 실천할 수 있는 능력이 없다면 인간의 법은 무용지물이기 때문이다. 본성적인 율법을 하나님의 원상Imago Dei과 일치시키려는 것은 인간이 전적으로 절망하지 않았다고 주장하거나, 인간의 법률에서 모든 가치를 제거하는 것과 같다. 이것은 결국 정의에 대한 문제일 뿐, 공작인만드는 사람:homo faber으로서 인간의 행동에 관한 문제가 아니기 때문에 우리는 이런 딜레마에서 빠져나올 수 없다. 따라서 우리는 널리 알려진 어떤 생각에 의지하면서 딜레마에서 벗어나고자 노력한다. 즉, 인간은 완전히 절망적인 상태에 빠져있다. 그러나 죄를 짓고나서 절망에 빠진 인간의 내면에 하나님은 그의 율법을 새겨준다. 이런 주장을 지지하기 위해서 사람들은 종종 로마서 2장 14절을 인용한다. 본문은 나중에 살펴보겠지만, 우선은 성경에서 '본성으로' 라는 단어를 사용한다는 사실에 주목하자. 그렇다면 우리는 인간의 마음에 새겨진 하나님의 율법이 본성적인 율법으로서 결국 자연법이 된다는 사실을 인정해야 한다. 다시 말해 "하나님의 율법이기 때문에 자연법이 아니다"41)라고 단정하는 것은 도무지 이해할 수 없다. 율법이 때로는 계시되고(비신자들의 마음에 새겨지지 않는 경우에), 때로는 하나님이 율법을 본성에 새기기 때문에 그것은 결국 본성적인 율법으로 자연법이 되는 것이다. 그러나, 하나님이 비신자에게 그의 율법이 새겨진 본성을 주신다면 우리는 자연법에 맞선 모든 논증들과 정면에서 부딪치게 되며, 그것은 신앙의 관점에서 엄청난 재앙이 될 것이다.42) 그보다 더욱 심각한 것은, 사실상 성경의 한 텍스트에 근거해서 이런 범주의 중대한 이론을 세우려한다는 사실이다.

더욱이 그것은 창조의 주권자인 예수 그리스도와 전혀 상관이 없으며, 대속과도 무관하다는 사실이다. 달리 말해서, 그런 주장은 우리의 지성과 호기심을 만족시키는 도구로서 결국 그노시스와 만난다는 사실이다. 그노시스는 하나님의 계획과, 인간을 구원하기 위한 하나님의 역사의 어디에서도 필연적으로 포함되지 않는 것이다. 우리가 이미 알고 있듯이, 하나님의 역사는 인간을 구원하기 위해서 처음이며 마지막이자 유일한 것이다. 그때부터 율법과 예수 그리스도 사이에 필연적인 관계가 없는데도 우리는 여전히 하나님의 율법에 관한 것이라고 말할 수 있는가? 반면에 하나님의 율법들 사이의 연관성은 성서에 계시되었으며, 예수 그리스도를 통해서 뚜렷히 나타나지 않았는가? 우리가 율법과 외적인 관계에 머문다 해도, 인간의 무능력을 낱낱이 드러낼 수 밖에 없는 율법은 우리를 숱한 난관으로 이끈다. 먼저, 철저히 부정적인

율법의 역할로는 법으로서 어떤 유용성도 지닐 수 없다. 그렇다면 그것은 이미 자연법이 아니다. 율법이 자연법의 역할을 담당하려면 무엇보다 율법이 하나님에게 속한다는 것을 인정할 수 있어야 한다. 그러나, 하나님의 율법은 본성적인 율법과 달리 계시된 율법에 관한 것이다. 반면에 율법이 인간의 양심에 관한 것이라면, 인간은 자신의 본성에 속하는 어떤 것에 복종하지 않은 것에 지나지 않기 때문에 자신이 세상에서 불법을 저질렀다고 생각할 하등의 이유가 없는 것이 아닌가! 인간의 마음에 새겨졌다는 율법의 추상적인 개념 때문에 우리는 이처럼 끝없는 혼돈에 빠져들 수 밖에 없으며, 끝내 방향을 잃은 채 오랫동안 헤매게 될 것이다.

2) 자연법의 이론은 정의에 대한 '하나의' 개념에 근거한다. 사람들은 보편적인 필요에 따라서 영원한 정의가 존재한다고 말한다. 그리고 그 정의는 스스로 모든 행동을 지배하는 가치가 있다고 생각한다. 사실상 그것은 언제나 변함없는 인간의 유혹이었다. 이성적으로 판단해서 정의롭다고 생각하는 것에 대해서 인간은 그 자체가 정의로운 것으로 인정한다. 그러나 이성에 근거한 정의가 완전한 정의라고 말할 수 없으며, 사실은 완전한 정의에 대체될 수 밖에 없는 인간의 창조물에 지나지 않는다. 불완전한 인간의 정의를 하나님의 정의에 일치시키려고 하는 순간, 인간의 정의는 반드시 대체될 수 밖에 없다. 더욱이, 인간은 언제나 정의의 기준에 따라서 하나님의 행위를 판단한다고 주장한다. 하나님이 우리에게 고통을 줄 때 부당하다고 말하는 진부한 감정이 바로 그것이다. 그러나 그런 주장은 사실상 거짓 명제를 제기하는데 쓰이는 철학적인 이성이다. 즉, '하나님은 정의롭지만 전능하지는 않다' 라거나, '하나님은 전능하지만 의롭지는 않다' 라는 거짓 명제이다. 또한

이것은, 인간은 '본성으로' 존재하는 정의를 '본성에 의해서' 스스로 알 수 있다는 확신을 가지고 언제나 정의의 내재적 개념으로 돌아오게 만든다. 결국 이렇게 규정된 정의가 자연법의 기초로서 인간의 행위와 하나님의 행위의 기준과 범주가 된다. 인류 역사의 모든 시대에 존재했던 시도이며, 에스겔이 대답하는 내용과 같다. "그래도 네 민족은 말하기를 주의 길이 바르지 아니하다 하는도다. 그러나 실상은 그들의 길이 바르지 아니하니라…. 그러나 너희가 이르기를 주의 길이 바르지 아니하다 하는도다. 이스라엘 족속아 나는 너희가 각기 행한 대로 심판하리라."겔33:17, 20

　　인간의 이런 태도는 사실상 두 가지 근본적인 입장과 깊은 관련이 있다. 첫 번째는, 정의가 모든 인간과 창조에 공통적인 요소인 이성적인 요소에 근거한다는 것이다. 창조가 이성을 통해서 부분적으로 알려질 수 있다는 사실과, 모든 사람들은 크든작든 이같은 도구를 지녔다는 사실은 이성적인 모든 것은 결국 보편적이라는 생각을 부추긴다. 모든 사람들이 정의에 대해서 생각하는 것은 분명히 경험적 사실이기 때문에, 이 정의를 우리가 지니고 있는 보편적이며 본성적인 이성에 결부시킨다. 이처럼 정의는 이성적으로 정리된 원칙과 가치판단에 따라 형성된 것처럼 표현된다. 그러나, 우리는 그때부터 포이에르바흐가 종교에 대해서 정당하게 비판했던 종교적 메카니즘과 만나게 된다. 즉, 이런 인간적 구상으로부터 어떤 절대적 가치가 형성된다. 인간은 주관적 창조를 객관화시키며, 상대적으로 확인했던 것을 절대적인 가치로 변형시킨다. 땅에서 발견한 것을 하늘에서 반영하면서 인간은 인위적 절대에, 객관성에, 천상의 반영에 복종하고 숭배한다. 자연법에 대해서도 이처럼 기이한 일이 벌어진다. 이것은 스토아 철학자들이나 토마스 아퀴나스에게서 보다 분명해 보인다. 이런 자연법은 사실상 세상의 상대적인 정의를 하늘에 전이한 것 이상의 아무 것도 아니다. 달리 말해서, 세상 법이 자연법에 종속된다고 믿는 환상일 뿐이며, 세상의 법들을 절대화 시킨 것 외에 다른 어떤 것도 아니다. 이것은 앞에서 우리가 인용했던 본문에서 에스겔에 의한 정죄를 재차 부추키는 것이다. 분명히 말하건 대, 자연법은 인간의 어떤 길 외에 다른 것이 아니다. 다시 말해 거기에 서 우리는 하나님의 길을 측량할 수도 없고, 일치시킬 수도 없다. 결국, 그리스도인에게 매우 심각한 질문이 제기된다. "그런 경우에 하나님 앞에서 인간은 자연법을 어떻게 인정할 수 있는가?"

만약에 자연법이 독립적인 위치에 있다면 '자연법'은 그 자체로서 주도적 가치를 지니지 못한다. 별도로 자리잡으면서 결국 하나님과 대 립되는 것이라면 자연법은 주도적인 가치는커녕 인간을 위해서 전혀 도움이 되지 못한다. 그런데, 자연법이 독립적이라면 그것은 필연적으 로 하나님과 대립하는 것이다.

그것이 아니라면 우리는 하나님의 계획 안에 들어가야 하지만 그때 우리는 이중의 난관에 봉착한다. 우선, 1) '자연법'이 계시의 일부인 가? 이 문제는 나중에 연구하겠다. 두 번째로, 2) 이 '자연법'은 태초에 하나님에 의해서 창조되었기 때문에 인간과 마찬가지로 자발적으로 존 재하며, 인간의 내면에서 본성이 되었다. 이를테면, 하나님이 자연법 을 자연의 일부로 창조했기 때문에 창조의 요소가 되었다는 것이다. 그 러나 이런 판단은 오류일 뿐이다. 무엇보다 그것은 법과 정의에 대해 서 우리에게 계시 안에서 전해진 모든 것과 근본적으로 배치된다. 동시 에 그것은 창조의 내용에 대해서 근거없는 가정에 지나지 않는다. 예컨대 다음과 같은 섣부른 가정이다. "하나님은 창조하셨고, 우리에게 계시하셨다. 창조의 내용은 우리와 직접적인 관계가 있기 때문에 하나님에 의해서 우리에게 완전히 밝혀진다." 이것은 자연법에 관한 것이 아닌데도 불구하고 무엇보다도 우리와 깊은 관계가 있다고 상상한다! 사실상 이런 주장은 계시와 일치하지 않는 '어떤' 창조의 개념에 근거하는 것이다. 이런 관점에서 말하는 창조는 태초의 무에서의 창조일 뿐이다. 태초에 하나님은 자신의 법칙으로 세상을 창조한다. 그리고 어떤 관점에서 생각하면 하나님은 창조된 세상을 자신의 운명에 넘긴다는 주장이다. 법에 대해서 말하자면, 하나님은 법의 원리와 정당한 가치를 제시하면서 자연법을 만들 수 있을 것이다. 그러나 나는 이것이 창조의 진정한 개념이라고 생각하지 않는다. 창조는 과거의 일회적인 행위가 아니다. 즉, 하나님은 지속적으로 창조하시고 세상은 하나님에 의해서 끊임없이 창조된다. 세상은 하나님이 역사할 때만 유지된다. 창조의 법칙들은 하나님이 그것들을 적용하시는 '질서의 하나님'일 때 비로서 법칙이 된다. 만물이 자연적으로 파생되는 창조의 원칙은 존재하지 않으며, 그 자체로 무가치한 것에 하나님이 끊임없이 생명을 공급하기 때문에 유지되는 것이다. 따라서, 우리는 태초의 법적 원리를 발견할 수 없다. 왜냐하면 창조는 단번에 완전히 이루어진 것이 아니라 하나님이 지속적인 원리이며 목적이기 때문이다. 정의에 대해서 말할 때도 상황은 다르지 않다. 정의란 결국 하나님의 영원하고 실제적인 의지에 부합하는 것 외에 다른 것이 아니기 때문에 정의를 위한 규범이 별도로 존재하지 않는다. 바로 이것이 앞에서 인용했던 에스겔의 두 번째 본문이 말하고자 하는 내용이다. 인간이 생각하는 기준과 달리, 하나님은 법의 기초로서 정의를 참고하는 것이 아니라 그의 행위를 전면에 두셨다. "내가 심판하리라…."

결국 우리는 자연법의 개념과 상반되는 완전한 법의 개념으로 다시 돌아온다. 창조의 관점에서 본다면, 자연법은 어떤 식으로든 하나님이 심은 정의의 씨앗일 수도 없고, 인간의 법이 모방해야 하는 이상적인 그림일 수도 없다. 이런 개념들 가운데 어떤 것도 하나님이 창조 안에서 우리에게 계시하는 것들과 일치하지 않는다. 그것들은 사실상 철학자들에게서 흔히 발견할 수 있는 일반적인 개념일 뿐이다. 자연법에 대한 '기독교적' 개념은 인간의 이성이 발견하는 것에 대해서 언제나 다르게 표현한다. 즉, 이성의 발견은 하나님이 우리에게 말씀하시는 사실에 대한 변조로 나타난다. 자연법의 철학이 주장하는 개념들은 사실상 자연법을 통해서 인간의 이성이 발견하는 사유일 뿐이다. 다시 말해, 우리는 계시의 곁에 철학적 개념들을 두고 있는 것이다. 예컨대, 토마스 아퀴나스나 근래에는 부루너Brunner에게서 보듯이 아리스토텔레스 학파의 자연법 개념과 다시 만난다. 또한, 부분적이지만 칼뱅 자신과 18세기의 칼뱅주의자들의 경우에서 볼 수 있는 것처럼 스토아 철학의 개념을 제시하는 것이다.

3) 법에 대한 '기독교의' 현실적인 개념은 하나님의 율법에서 파생되는 어떤 개념에 근거한다. 이런 개념의 가장 간단한 형식은 다음과 같다. 즉, "구약에서 하나님은 진정한 법이 무엇인지 우리에게 이미 알려 주었다. 따라서 우리는 법의 기초와 내용을 동시에 알 수 있기 때문에 따라서 그것을 적용하기만 하면 된다."43)

---

43) 이런 태도는 사실상 신정주의 신학자들의 태도로서, 크든작든 플라톤주의의 영향을 받았다.

　물론 이런 주장은 성서와 율법 사이의 근본적인 대립을 야기시키며, 최근에도 이 분야의 수많은 신학자들이 근본적인 대립을 인정한다.44) 그것은 매우 다양하게 나타나며, 때로는 율법의 문자주의에 머물기도 하고, 때로는 성서를 상징적으로 해석하고, 때로는 하나님이 계시한 율법을 교회가 세상에 가르쳐야 한다고 주장한다. 때로는, 어떤 것이든 상관없이 결국은 하나님이 모두 만드셨기 때문에,45) 율법과 인간의 마음에서 발견하는 것 사이의 일치를 보기 원한다. 그러나 이런 모든 입장들은 분명히 오류가 있다. 이런 주장들은 결국 자연법을 '어떤' 율법의 개념과 일치시키려는 경향이 있다. 다시 말해, 처음에는 하나님이 이스라엘 백성에게 배타적으로 율법을 주셨지만 예수 그리스도의 죽음으로 인해서 율법이 세상에 전파되었다며, 이처럼 형성된 보편적인 율법과 자연법을 동일한 개념으로 보려는 것이다. 물론, 율법이 사회문제와 법에 대해서 우리에게 제시하는 어떤 가치가 있다는 것은 분명하다.

　그러나, 그 자체로 율법은 법이 아니며 법의 원리도, 법의 내용도 아니다. 율법은 법의 체계가 아니기 때문에 사실상 법이 아니며, 보다 분명히 말하면 하나의 계시이다. 다시 말해 율법은 법의 원리가 아니라 하나님의 영원하고 실제적인 의지의 표현이다. 이른바 그것은 하나님의 정의를 나타내는 표현으로 법의 내용을 부여하지 않는다. 왜냐하면, 율법의 내용은 그것이 제정된 시대와 이스라엘의 경제·사회적인 상황에 필연적으로 종속되기 때문이다. 율법은 완전한 법의 내면에 있는 일부이며, 그 시대의 율법을 통해서 우리는 역사 속에서 의미와 현실성을

---

44) 특히 Ehrenström의 「세계 기독교 지침」*Conseil œcunémique.*(1943)을 보라. 우리가 보기에 그는 율법과 복음서의 차이를 명시하지 않으며, 그리스도의 두 주권으로 볼 뿐이다.

45)　1936년, 「기독교 신앙과 대학」에서 밝혔던 내 주장인데, 분명히 오류가 있었다

파악할 수 있다. 나아가 그것은 지금까지 우리가 형식화하려고 시도했던 정의에 대한 개념을 통해서 비로서 이해될 수 있다. 율법이 마치 하나님의 역사와 다른 것인양 복음서에서 분리될 수 없다. 하나님의 의를 벗어나서 율법이 그 자체로서 고려될 수 없지만, 하나님의 의와 완전히 일치하는 것은 아니다. 왜 그런가? 이유는 간단하다. 이 율법은 그 자체로 가치가 없으며, 예수 그리스도께서 말씀하셨던 것처럼마태복음 5장, 세상의 구원자이며 주인이신 예수 그리스도의 살아있는 말씀으로 다시 적용될 때 비로서 의미를 지니기 때문이다.

이처럼 율법은 절대로 그 자체가 하나의 법으로 간주될 수 없다. 예수 그리스도 안에서 실현되는 하나님의 정의에 관한 말씀이 아니라면 그것은 법으로서 어떤 가치도 지니지 못한다. 따라서 율법은 우리에게 자연법에 대한 기초를 제공하지 못하며, 자연법과 일치하지도 않는다. 요컨대 율법과 자연법 사이에 '공통된 기준'이 없다. 그와 반대로, 완전한 법의 내부에서 이해되고 자리잡는 율법은 특별한 법적 문제를 해결하기 위해서 매우 중요한 가치를 지닌다. 따라서 우리는 일반법이나 '자연법'의 문제에 관한 연구에서 율법의 개념을 사용하지 않을 것이다. 법의 분야에서 율법의 적용은 성서의 해석에서 발생한 수많은 문제들이 이미 해결되었다는 것을 전제한다. 즉, 두 신앙의 유사성의 문제와 예수 그리스도 안에서 실현된 율법의 지속성의 문제, 그리고 교회와 이스라엘에 있는 '나라'의 연관성에 관한 문제들이다. 율법으로 세상을 위한 일반적인 법이나 법의 모형을 만들려 할 때 필연적으로 제기되는 문제들이지만, 지금까지 타성적으로 지나쳐버린 것들이다. 이런 문제들은 율법이 제 자리로 돌아올 때, 다시 말해 율법이 더 이상 그 자체로 존재하는 추상적인 법이 아닐 때 비로서 해결될 수 있다.

자연법에 대해서 우리는 오랫동안 '가톨릭적'이라고 표현할 수 있는 개념들과 충돌한 다음에, 이제는 '개신교적'이라는 말로 설명할 수 있는 개념들과 다시 부딪친다. 왜냐하면, 하나는 이성에 다른 하나는 계시에 부정확한 자리를 제시하기 때문이다.

2. 자연법과 완전한 법

우리가 방금 보았던 것처럼 모순이 뚜렷히 드러난다. 그것은 성서 안에서 우리에게 계시된 것, 이를테면 달리 표현할 수 있는 좋은 단어가 없어서 우리가 '완전한 법'이라고 불렀던 것과 자연법 사이에 발생하는 명백한 모순들이다. 따라서 자연법의 이론은 어떤 경우에도 기독교의 종교이론이 아니다. 우리가 지금까지 서술했던 것들을 요약해서 모순들을 체계적으로 정리하고, 개념들을 분명히 밝히는 작업이 필요하다고 생각한다. 중요한 반론들을 모으면 대략 다음과 같다.

1) 법은 독립적이거나 자생적인 실체가 아니다. 다시 말해, 법은 하나님과의 관계 안에서 생각하는 우주와 인류의 실체를 이루는 일부분이다. 그러나 우리는 '자연법'에 대해 생각하면서 항상 독립적이며 그 자체로 존재하는 법이라는 원점으로 돌아온다.

2) 하나님만이 법을 창조하기 때문에 인간의 본성에 내재하는 법은 처음부터 존재하지 않는다. 따라서 하나님이 창조한 법은 자연법이 아니라 계시된 어떤 법이다.

3) 법은 인간의 이성이 만들어낸 산물이 아니라, 세상 안에서 역사하시는 하나님의 활동의 산물이다. 이성은 조직하고 정리하는 데 그칠 뿐, 이성이 법과 정의의 기준이나 근원을 구성하는 것이 아니다.

4) 법은 결코 정적靜的이 아니며, 하나님의 영원하며 현실적인 의지의

형식이다. 다시 강조하지만, 그것은 원리가 아니라 영원하며 현재적인 하나님의 의지의 역사와 연관된다.

5) 실정법의 가치는 자연법의 존재에서 추론되지 않으며, 예수 그리스도의 죽음과 부활을 통해서 실현된 인류의 구원이라는 하나님의 역사를 수행하기 위해서 수단으로 주셨다는 사실에 근거한다.

6) 인간은 정의에 대해서 어떤 지식도 없다. 왜냐하면, 정의는 사람의 이성이 아니라 하나님의 의지에 부합하는 것으로, 예수 그리스도의 대속 안에서 실현되기 때문이다.

7) 정의는 언약으로 말미암아 하나님이 보여주신 계시 안에서만 인간에게 알려질 수 있을 뿐이다. 법의 기초가 되는 것은 언약이며, 소위 이상적이거나 우월하다고 주장하는 '어떤' 법이 아니다.

8) 언약은 절대로 법적 원리들을 태동하지 않는다. 반면에 법은 어떤 윤리를 형성하며, 모든 인간, 또는 신앙의 결과에 따라서 모든 그리스도인들을 위해서 결정되는 양식 안에 있는 윤리의 유용한 일부일 뿐이다.

9) 결론적으로 법은 태초에 있었던 하나님의 창조활동과의 유일한 관계 안에서 고려될 수 없다. 그것은 세상의 처음부터 끝까지 지속되는 하나님의 일관된 활동과 관계가 있다. '자연법'은 다만 창조에 관련된 반면에, 완전한 법은 창조와 종말론의 이론과 동시에 연관된다.

10) 법은 전적으로 그리스도 중심적이다. 따라서 우리는 자연법에 대한 토마스의 이론, 즉 영원법과 자연법사이의 형식적 관계를 결정짓는 토마스 아퀴나스의 자연법 이론을 받아들일 수 없다. 영원법은 세상을 지배하지만, 그것은 우리에게 알려지지 않는 신앙의 영역이다. 반면에 자연법은 사람들이 이성을 통해서 영원법에서 추론할 수 있는 영역이다. 이런 관계를 특징짓는 것은 영원법이 두 가지 경우에서 실제적 대상이라는 것이다. 즉, 영원법은 신앙 또는 이성의 객관적 대상인 반면에 하나님의 의지는 주체다. 다른 한편, 자연법과 영원법의 관계는 예수 그리스도의 주권과 필연적인 관계가 없다.

11) 객관적인 법의 기초가 되는 것은 하나님에 의해서 인간에게 알려진 주관적인 법이다. 반면에 자연법의 이론들은 두 사조 안에서 분리된다. 하나는, 자연법이 인간의 행위나 의지에 앞서 객관적으로 선재한다는 주장이며, 다른 하나는 개인이 인간의 본성에 따라서 권리를 보유한다는 주장이다.

12) 자연법은 어떤 방식으로든 그리스도인과 비그리스도인 사이에서 유일한 만남의 장이 될 수 없다. 왜냐하면 자연법이 이성적인 피조물이라고 주장하는 한, 자연법이 실제로 적용되는 순간 이성의 다양성과 변동성에 반드시 복종하기 때문이다. 모든 인간들이 만날 수 있는 유일한 장소는 사실상 인간들 밖에 위치하며, 모든 인류를 향한 하나님의 영원한 긍휼 안에 있을 뿐이다. 그런데, 하나님의 완전한 법은 이같은 긍휼의 여러 형식들 가운데 하나로 나타난다.

물론 앞의 12항목의 열거가 완벽하지 않지만, 우리의 한정된 연구를

위해서는 이런 정도로 두 개념 사이의 근본적인 불일치를 확인하는 것
으로 충분하다.

3. 현상으로서 자연법

그러나 아직까지 우리는 1장에서 강조했던, 자연법의 존재는 개념이 아니라 현상이라는 자연법의 특별한 형식과 만나지 못했다. 그때 우리에게 제기되는 문제는, 완전한 법에 대해서 이 현상이 위치하는 자리가 무엇인지 분명히 알아야 한다는 것이다. 그전에 우리는 한 가지 질문에 먼저 대답할 수 있어야 한다. 즉, 자연법의 이론은 자연법의 현상에 토대를 둘 수 없는가? 달리 말해서, 이런 법적 사실의 존재를 분명히 확인하면서도 우리는 자연법의 형식을 정의할 수 없는가?

사실상 그들 사이에 하나의 '세상'이 있다. 자연법을 하나의 사실로 고려할 때 우리는 그것이 선하다고 말할 수 없다. 그것이 종교 안에 들어있는 일반적인 법들이나 세상법, 또는 실정법보다 반드시 낫다고 단정지을 수 없기 때문이다. 또한, 이 법의 상태에 근거해서 우리가 다른 법들을 판단할 수 없기 때문이다. 우리는 프랑스 법이나 로마 법의 어떤 시기를 기준해서 인간이 창조한 모든 법적 체계의 우수성을 결정하지 않는다. 우리가 어떤 대상을 '자연적이다'라고 말하는 것은 결국 그것이 자연과의 어떤 조화를 표현한다고 말하는 것인 동시에 사회나 인간의 자연적인 요구에 부응한다고 말하는 것이다. 그러나, 자연적인 특징을 인정하는 것은 결국 규범적이 아니라는 사실을 인정하는 것이다. 결국, '의롭다'46)는 말이 자연과 일치하기 때문이 아니다. 그것이 능

---

46) 역주: 여기에서도 '의'라는 말은 '선'과 마찬가지로 일상적인 의미에서 사용한 것이 아니라, 하나님의 속성에 해당하는 절대적인 의미를 말한다

산적 자연natura naturans, 47)으로 이해되든 인간의 본성으로 이해되든, 혼돈 가운데 우리는 여기에서 자연과 인간본성의 우수성에 대한 오랜 추억과 만난다. 그런데, 이것은 기독교의 가르침과 정확히 상반된다. 기독교에서는, 인간은 본성인 죄성에 의해서 죄를 짓기 때문에 결국 인간의 본성은 악한 것이다. 따라서, 본성에 부합하는 것은 어떤 것도 정의가 아니다. 그렇다면, 인간이 본래 악하면서 선한 행위를 할 수 있다거나, 본래 의롭지 못한 인간이 의로운 법을 만들 수 있다고 어떻게 주장할 수 있는지 우리는 이해할 수가 없다. 다른 한편, 인간의 내적인 본성뿐 아니라 외적인 성품도 죄악에 이끌린다. 죄의 효과는 개인의 차원을 넘어서 우주적이다. 이를 이해하기 위해서는 로마서 8장을 상기하는 것으로 충분하다. "피조물이 고대하는 바는 하나님의 아들들이 나타나는 것이니 피조물이 허무한 데 굴복하는 것은 자기 뜻이 아니요 오직 굴복하게 하시는 이로 말미암음이라." 따라서 우리는 어떤 것도 그것이 자연적 또는 본성적이기 때문에 선한 것이라고 말할 수 없다. 그리고 본성이 '허무한 데 굴복하기' 때문이라고 분명히 말하기 때문에, 그것은 정의에 대한 성경적인 가르침을 통해서 우리가 보았던 것과 반대이다. 즉, 본성이 그 자체로 선한 것이 아니기 때문에 본성과 일치하는 것이 정의와 불의를 구별하는 규범이 될 수 없다. 결국, 사실과 규범 사이에 깊은 구덩이가 있다. 이제 우리는 실제적인 존재, 즉 현상으로서 자연법의 역사적 존재를 추론해서 그 자체로서 의로운 자연법의 존재를 결론지을 수 없다. 현상으로서 자연법과 본성적 자연법은 이미 같은 개념이 아니기 때문이다. 만약에 그 자체로 정의인 자연법이 존재한다면, 아마 우리는 그런 자연법에 근거해서 모든 법적 형식들의 가치를

---

47) 만들어진 자연계로서 소산적(所産的) 자연과 구별해서 소산적 자연을 움직이는 힘을 의미한다. 때로는 절대자와 동의어로 사용되며, 때로는 단순히 자연의 유기적인 생산력을 의미한다.

평가할 수 있고, 모든 권리들이 권위를 부여받을 수있을 것이다.

그렇다면 이 자연법의 상황은 어떤가? 우리는 여기에서 세 가지 특징을 확인한다.

a) 자연법이 존재하며 법적 권위가 있다. 그러나 존재와 권위의 근거를 밝히는 것은 불가능하다. 우리는 이 법과 순전히 기술적인 법 사이에 분명한 차이가 있다는 것을 알고 있다. 왜냐하면 자연법과 달리 실정법의 권위는 법에 규범을 부여한 국가의 승인에서 비롯되기 때문이다. 따라서 우리는 법의 외부에 이성이 존재한다는 것과, 이성으로부터 권위를 도출한다는 사실을 반드시 인정해야 한다. 우리가 이미 보았던 것처럼 법에서 이성을 배제하는 순간, 법은 하나의 법적인 체계일 뿐 진정한 법이 될 수 없기 때문이다.

b) 법은 본질상 지속적인 내용을 담고 있다. 여기에서도 우리가 이성적인 입장에 머문다면 현상은 전혀 설명되지 않는다. 왜냐하면, 역사 안에 존재하는 문화의 방향성이 지니는 중대한 불일치로 인해서 우리는 인간의 본성이나 이성의 일관된 동일성을 신뢰하지 못하기 때문이다. 예를 들면, 로마인과 셈족의 문화 사이에 근본적인 차이가 있음에도 불구하고, 두 민족의 법들은 부인할 수 없는 유사성을 지니고 있다. 따라서 자연법의 공통적인 특성은 외부에 존재하는 어떤 가치를 전제하며, 그 가치가 두 법 사이의 근본적인 유사성을 제공한다.

c) 법은 인간이 구상한 사회·경제적인 상황의 산물이다. 그러나, 우리는 다음의 두 질문에 간단히 대답할 수 없다. 즉, 인간은 정의에 대한

자신의 개인적 능력을 분명히 초월하는 어떤 정의에 어떻게 도달할 수 있는가? 인간은 이 정의를 기준삼아 사회의 물질적 필요를 어떻게 정리할 수 있는가? 이같은 이중의 질문에 대한 전통적인 설명의 비효율성을 인정하지 않을 수 없기 때문에 인간에게 생소한 어떤 개념을 도입시키지 않을 수 없다.

각각의 논점이 끝없이 전개될 수 있기 때문에 우리는 실정법 학파의 설명들을 다시 채택해서 그들의 유물론적·이성적 해결책이 효과가 없다는 사실을 밝혀야 하겠지만, 우리는 이에 대해서 특별한 입장이나 관심이 없다. 실정법 학파의 해결책들은 법의 쇠락에 앞서서 나타나는 기술적인 법의 전성시대와 일치했다는 사실을 상기하는 것만으로 충분하다. 우리가 방금 말했던 것에 의거해서 자연법은 정확히 무엇을 의미하는가? 이것은 결국 법에 대한 진정한 질문을 던지는 것이다.

신성한 법은 종교적이기 때문에 인간의 법에 관한 어떤 문제도 분명히 해결하지 못한다. 신성한 법이 제시될 때는 사실상 법의 문제가 아니라 인간의 종교에 관한 문제일 뿐이다.

그와 마찬가지로 기술적인 법도 문제를 해결하지 못한다. 실정법은 신성한 법과 반대로 물리적인 능력에 제한되기 때문이다. 세상의 법은 시간이 흐르면서 실제적인 효과를 잃기 때문에 끊임없이 법에 물리적인 힘을 가하는 악순환이 반복된다. 기술적인 법에 대한 이성적인 설명은 나름대로 유용하며, 그에 따른 필연적인 결과로서 우리는 물질론적 설명이 기술적인 법을 이끌어간다고 말할 수 있다. 그러나, 법의 이성적인 설명과 유물론적인 설명은 반드시 법의 쇠락을 초래한다.

자연법은 법적인 균형이 잡힌 시대에 알맞는 제도처럼 나타나지만, 그 안에 신비한 요소를 포함하고 있기 때문에 이성으로 설명할 수 없다는 점에서 또다른 법의 문제를 제기한다. 동시에 자연법은 사회의 유기적 질서를 유지할 수 있는 효과적인 법으로서 중대한 영향력이 있기 때문에 오히려 그로 인해서 법의 문제를 일으킨다. 다시 말해 그것은 우리가 말했던 완전한 법으로서 하나님의 정의와 인간 사회의 법 사이에 명백한 관계가 있다는 인간적인 증거이다.

사실은 우리가 당면하고 있는 문제가 바로 그것이다. 한편으로 우리는 인간이 제정한 법의 존재를 확인하고, 다른 한편으로는 완전한 법의 존재를 확인한다. 그러나 완전한 법이 함축하는 신비한 측면을 다루지 않고는 그들 사이의 관계를 이해할 수 없다. 이 관계를 설명하고자 했던 기독교의 자연법 이론들은 결국 헛되고 부정확한 것으로 결론났다. 자연법은 사실상 하나님에게 속하고, 분명히 초월적이기 때문에 상황은 절망적으로 보인다. 그렇지만 자연법의 현상은 그들 사이에 어떤 관계가 존재한다는 사실을 우리에게 분명히 알려주었기 때문에 우리는 중단하지 않는다. 만약에 각각의 법이 신성하거나 기술적일 뿐이라면 우리는 거기에 머물 수 밖에 없을 것이다. 실제로 그렇다면, 법은 근본적으로 하나님과 분리되고 완전한 법과 대립되기 때문에 마침내 법은 사탄의 도구라고 결론을 내릴 수 밖에 없을 것이다. 그러나 잠시 후에 보겠지만 우리는 자연법의 분명한 사실그것이 이상적이거나 더욱 정의로운 어떤 법과 상관이 있다는 것을 의미하지 않지만을 통해서 완전한 법에 의한 어떤 개입이 있다는 것을 인정하지 않을 수 없다. 이것은 전반적인 관점에서 볼 때 법을 위해서 가장 중요한 사실이다. 왜냐하면, 우리는 자연법과 법의 다른 양상들을 근본적으로 대립시킬 수 없기 때문이다. 사실상 모든 것은 일시적인 양상일 뿐이다. 그때부터, 즉 우리가 자연법의 현상 안에서 완전한 법과의 관계를 인정하는 순간부터 우리는 다양한 양상들을 지닌 모든 법을 자연법에 결부시키지 않을 수 없다. 곧 살펴보겠지만, 선험적인 기준에 따라서 좋은 법과 나쁜 법을 가릴 수 있는 구별의 기준이 없으며, 우리가 스스로 그리고 미리 분리시킬 수 없다. 법의 '어떤' 형식과 하나님의 정의의 관계에 대해서 확신하는 순간부터, 사실상 모든 법을 하나님의 정의에 연결할 수 있다. 우리가 이미 지적했던 것처럼, 법의 모든 형식들은 가치중립적이기 때문이다. 이것이 바로 자연법의 현상이 함축하는 중요한 의미이며, 이를 통해서 우리는 관계에 대해서 문제를 제기할 수 있다. 물론 그러기 위해서 우리가 연구해야 할 일이 남아있다.

4장. 완전한 법과 인간의 법

1. 자연법의 요소들

모든 법은 하나의 체계다. 그러나, 법의 경험에서 출발해서 법체계를 분석하고자 한다면 확실한 결론에 이르지 못한다는 사실을 우리는 분명히 알고 있다. 법의 요소들을 알기 위해서는 그와 달리 하나님이 창조와 언약 안에서 우리에게 계시한 것에서 출발해야 한다. 그전에 우리는 두 가지 사실에 먼저 주목한다. 우선, 법의 문제에 몰두했던 대부분의 신학자들이 거의 예외없이 심각한 혼란을 겪었다는 사실이다. 이는 법과 정의, 법의 조직과 정의, 법과 국가, 주관적인 법과 객관적인 법등의 본질적인 문제들에서 발생하는 혼란이다. 우리가 분석을 시도하는 목적은 무엇보다 성서가 이런 혼란을 부추긴 것이 아니라는 사실과 더불어, 사전에 뚜렷한 구별이 전제되지 않는다면 우리는 완전한 법과 인간의 법 사이의 문제들을 결코 해결할 수 없다는 사실을 전하려는 것이다. 두 번째로 주목해야 할 것은, 우리가 언약이나 창조로부터 분석을 시작한다 해도 그것을 통해서 법의 모든 것을 파악할 수 있다고 주장하려는 것이 아니라는 사실이다. 법은 끊임없이 움직이며, 정적靜的인 대상이 아니라는 사실을 절대로 잊지 말아야 한다. 우리는 법이 하나님의 행위로서 언제나 살아서 움직이며, 어떤 의미에서 보면 뚜렷한 방향성을 지닌다는 것을 알고 있다. 다른 한편, 우리는 역사를 통해서 끊임없이 법의 변천을 보았다. 따라서, 우리가 시도하려는 분석의 방향은 법의 '변화' 변화의 범위에 대해서는 나중에 말하겠다와 밀접한 관계가 있다.

성서 안에서 우리는 율법의 세 가지 요소들, 예컨대 제도 − 인간의 권리 − 정의의 세 요소들을 발견한다. 물론 인간의 법 안에서도 우리는 세가지 요소들을 발견할 수 있다. 그러나 인간의 법만 고려한다면 우리는 세 가지 요소들이 유일하다고 말할 수 없으며,48) 그것들이 없으면 법이 존재할 수 없는 필연적인 구성요소들이라고 말할 수도 없다. 그러나 우리는 하나님의 계시를 통해서 세 요소들이 사실상 법의 유일하며 본질적이라는 사실을 알 수 있다. 지금부터 우리는 법의 구성요소들을 살펴보겠다.

1) 제도들

하나의 공통된 목적을 향해서 나아가는 법적 규칙들의 유기적인 집합을 일반적으로 하나의 제도라고 부른다. 제도49)는 인간의 의지에서 독립되고 지속적인 전체를 형성하며, 일정한 환경에서 인간에게 제시된다. 오랜 연구가 있었지만, 대부분의 경우에 우리는 제도가 언제부터 시작됐는지 알지 못하고, 제도의 합리적인 기원을 설명하지 못한다. 결

---

48) 예를 들면 법 이론도 있지 않은가? 인간의 의무들은? 사회법들은? 등의 숱한 문제에 봉착한다

49) 이 주제에 대한 최근의 많은 연구에도 불구하고 이 용어의 의미는 간단하지 않다. 그러나 모든 법학자들은 제도에 대해서 객관적이고 유기적으로 존재하는 실체이며, 따라서 제도는 인간의 의지에 직접적으로 종속되지 않는다는 사실을 인정한다. 제도를 만드는 것은 법학자가 아니다. 그러나 제도는 역사적 사실들의 직접적인 산물도 아니다. 제도는 분명히 어떤 방향성을 지니고 있으며, 인간이 사전에 경계선을 그을 수 없다. 제도에 대한 학문적인 연구는 결국, 인간이 전적으로 제도의 기초를 세울 수 없다는 결론에 이른다

혼을 예로 들 수 있다. 즉, 결혼은 분명히 하나의 제도다. 그러나 결혼이 어떻게, 그리고 무슨 이유로 인간의 역사에 제도로 나타났는지 정확히 알 수 없다. 달리 표현해서, 사회학자들이나 정신분석학자들의 부단한 개입에도 불구하고 우리는 성행위라는 인간의 실제적인 사실이 경우에 따라서 비난받는 이유를 알지 못한다. 아홉 달 뒤에 있는 출생과 직접적인 관계가 없는 단순한 사실이 어떻게 사회적 질서와 법적 현상 안에서 선악의 개념으로 변환되는가? 그것은 분명히 이해, 감정, 이성, 조직이나 양量, 50)의 차이가 아니라 질의 차이에 근거한다. 무엇이 두 현상 사이를 잇는 가교를 만드는가? 우리는 이에 대해서 전혀 알지 못한다. 다만, 멀리 거슬러 올라가서 다양한 형식들의 결혼 제도를 확인할 수 있을 뿐이다. 이른바, 족내혼과 족외혼이 있고, 일부다처와 일처일부가 있으며, 일부다처와 일처다부도 있다. 어떤 형식이든 결혼제도 안에서 우리는 사회적 특성과 법적 형식에 근거하는 안정성을 확인할 수 있으며, 그것은 단순한 성적 결합으로 설명할 수 없다. 단지, 원시 사회의 혼교에 대한 부정적 이론이 결혼의 원리와 유일하게 관계가 있을 것으로 추정한다. 그러나 어떤 사람도 거기에서부터 어떻게 결혼제도가 파생될 수 있었는지 분명히 설명하지 못하며51), 이에 대한 이론은 점점 의문이 증폭할 뿐이다.52)

방금 우리가 결혼에 대해서 단순히 물리적 여건에 근거하지 않는다고 말했던 것은 비단 결혼 뿐 아니라 다른 제도들에 대해서도 동일하게

---

50) 빈도는 습관을, 습관은 관습을 만든다

51) 다시 말해 결혼은 공적으로 인정받는 성적 결합이다. 그리고, 일부다처의 나라에서 간음이 오히려 중하게 처벌받는다는 사실에 주목하라

52) 메이에르(Meyer)의 실패가 대표적이다

말할 수 있다. 즉, 국가나 나라53), 소유, 교환 등의 제도들을 예로 들 수 있다. 우리가 시도하는 모든 설명에도 불구하고 이런 제도들은 그것들의 기원, 필요성, 지속성, 보편성에서 여전히 신비하며, 지금까지 어떤 이론도 그것을 분명히 밝히지 못했다. 그런데, 제도라고 부르는 것들 가운데 일부에 대해서 성경은 하나님에 의해서 창조되었다고 계시한다는 사실에 우리는 주목한다.

무엇보다 이런 제도들에 대해서 정확하게 이해하는 것이 중요하다. 그것들은 어떤 자연법의 경우처럼 추상적으로 창조된 것이 아니며, 하나님이 인간에게 부여할 수 있는 '성향' 에 따른 것도 아니고, 일상적인 생활조건들처럼 자발적으로 만들어진 것도 아니다. 요컨대 제도들은 근본적으로 하나님의 창조에 속한다. 나무나 빛처럼, 사람처럼, 천사처럼 제도들도 하나님의 피조물이다. 예를 들면, 국가나 결혼은 인간을 위한 존재 방식으로 하나님 원하셨던 제도이며, 그에 맞서서 인간은 가부可否를 말할 수 없다. 하나님이 원하신 제도들은 결국 인간의 의지나, 지지나, 생각들에서 완전히 독립적이다. 사람에게 육체가 필요한 것처럼 제도들도 인간의 생존을 위해서 필수불가결한 요소들이다. 사람들은 육체를 아름답게 가꿀 수도 있고, 추하게 방치할 수도 있으며, 혹사시키기도 하고 파괴시키기도54) 한다. 그와 마찬가지로 인간은 제도를 타락시키기도 하고, 받아들이기도 하고, 파괴시키기도55) 한다. 그러나 어떤 경우이든, 제도를 창조하는 것은 인간이 아니다. 예를 들면, 인간

---

53) 역주: 여기에서 '나라' 는 국가와 구별해서, 처음에 부족이나 종족이었다가 성장하면서 형성되는 민족 규모의 사회공동체를 말한다. 다시 말해 권력과 주권 중심의 국가의 개념과 구별한다.

54) 그렇게 하면서 인간은 생명을 파괴하는 것이다.

55) 이 경우에도 사람은 결국 자신의 생명을 파괴하는 것이다.

은 성행위라는 사실을 통해서 결혼이라는 제도를 창조하지 못한다. 제도들의 창조는 그것들을 결정지을 수 있는 어떤 특성의 존재를 시사한다. "만물이 그에게서 창조되되 하늘과 땅에서 보이는 것들과 보이지 않는 것들과 혹은 왕권들이나 통치자들이나 권세들이나 만물이 다 그로 말미암고…."골1:16 이런 제도들이 하나님에 의해서 창조되었다고 말할 때, 결국 그것은 예수 그리스도 안에서 창조에 관한 것이다. 이 말은 우리의 제도들이 예수 그리스도의 강생과 대속의 명백한 사실에서 벗어나면 아무런 가치가 없다는 것을 의미하며, 제도들은 오직 예수 그리스도의 '명백한 사실'을 위해서, 그리고 '명백한 사실' 때문에 존재할 수 있다는 것을 뜻한다. 덧붙여, 인간의 제도들은 예수 그리스도의 구원의 역사에 동참하는 경우에 한해서 본질을 지닐 수 있다는 의미를 함축한다. 그렇다면, 제도들이 창조된 유일한 이유는 인간의 즐거움이나 편의를 위해서가 아니라 구원의 역사가 완수되기 위한 것이다. 그러나 분명히 밝혀야 할 것은 제도들이 다만 필요한 조건들로서, 다시 말해 외적인 기준에서 예수 그리스도의 역사에 관계되는 것이 아니라 유기적인 결합이라는 사실이다. 그것들은 인간을 위해서 다른 것으로 대체할 수 있는 하나님의 부수적인 선택이 아니며, 예수 그리스도의 주권을 이루기 위해서 반드시 필요한 제도들로 선택한 것이다. 예수 그리스도와 교회의 결합을 결혼에 비유하고, 하나님을 아버지라고 부르며, 교회가 백성을 의미하고, 국가가 하나님 나라를 상징하는 것은 절대로 무의미한 선택이 아니다. 물론, 더 많은 예를 들 수 있고 보다 상세하게 설명할 수 있다. 그러나 가장 중요하게 생각할 것은, 제도들의 창조는 인간이 마음대로 할 수 있는 것들을 만들었거나, 인간의 의지에 따라서 달라질 수 있는 것들을 만든 것이 아니라는 사실이다. 예수 그리스도의 죽음과 주권의 필연적인 관계를 살펴보면, 제도들은 인간의 그릇된 사용에서 벗어나 독립된 생명력을 지니며, 인간의 의지적인 보존과 상관없이 필연성을 함축한다. 달리 표현해서, 인간이 설령 이런 제도들의 도움을 받지 않고 살 수 있다 하더라도 제도들은 변함없이 그들의 가치를 보존한다.

우리는 수많은 제도들을 가지고 있지만 그에 대해서 완전한 설명은 불가능하다. 제도들의 기원은 분명하지 않으며, 그것들의 타락은 사회의 부패와 쇠락을 초래하고 제도들은 마침내 법의 구성요소가 된다. 그리고, 이런 제도들은 본질에 있어서 하나님의 피조물이다. 제도들의 형식은 변할 수 있으며, 변화된 형식에 따라서 인간의 행동이 달라지지만 제도들의 실체는 동일하게 남아있다. 제도는 어떤 자연법과도 직접적인 관련이 없다. 인간은 제도의 실체를 발견할 수도 없고 형식을 부여할 수도 없지만, 그것들은 변함없이 존재한다. 인간은 그것을 사용할 수 있을 뿐, 모형으로 채택할 수 없다. "인간은 그것으로 살아간다." 즉, 인간은 제시된 상황에 맞춰서 그것을 적용할 수 있을 뿐이다. 어쨌든, 성서 안에는 이런 제도들에 대해서 연구할 수 있는 공간이 분명히 있을 것이다.

＊　＊　＊

2) 인간의 권리

우리는 인간의 권리가 어떻게 언약 안에 위치하고, 언약을 통해서 권리들이 필연적 가치를 지니게 되었는지 살펴보았다. 인간의 권리에 대한 고찰이 최근의 일이라고 주장하는 것은 명백한 오류다. 최근이라고 말할 수 있는 것은 개인의 권리에 대한 주장이며, 그것은 인권과 같은 내용이 아니다. 사실은 고대사회에서도 인간의 권리들을 완벽하게 인정했다. 물론, 이런 단호한 주장에 대해서 사람들은 주저없이 인간의 권리를 외면하는 노예제도를 떠올리며 권리의 존재에 대해서 반론을 제기할 수 있을 것이다. 그러나 노예가 처음에는 전쟁포로였으며, 전쟁포로에 대한 일반적인 처우는 사형이었다는 사실을 잊지 말아야 한다. 죄수가 된다는 것은 그 자체로 죽음을 의미했고, 물리적으로 살려준다 해도 사형에 준하는 실제 상황은 전혀 달라지지 않는다. 노예를 팔 수 있는 법이 실행되면서 이런 제도는 급속히 약화되고, 인간의 권리에 대한 개념이 흐려지면서 다른 법적 체계나 철학 체계, 예를 들면 스토아 철학 체계 안에 인권의 개념이 다시 등장하게 되었다. 설령 인간이 권리를 가질 수 있는 가능성을 거부한다 해도 그것은 하나님이 언약을 통해서 인간의 권리를 인정한다는 객관적인 사실을 부정하지 못한다. 인간에게 권리를 부여한다고 단정지을 수 있는 근거는, 성서에 있는 법제화의 존재이다. 이런 법제화를 통해서 개인이나 개인들의 부류에 특별한 법들이 주어졌다. 성서 안에 종종 하나님이 제시하는 인격적이며 자의적인 권리의 특성이 강조되었다. 예를 들면, 신명기 16장 19절에서 "너는 재판을 굽게 하지 말며 사람을 외모로 보지 말며 또 뇌물을 받지 말라. 뇌물은 지혜자의 눈을 어둡게 하고 의인의 말을 굽게 하느니라"라는 구절과 만난다. 인간의 권리를 침해하지 않는 것은 인간의 생명을 보전하기 위해서 하나님이 제시한 조건이다. 이는, 하나님이 인간의 권리를 원하며, 반드시 필요하기 때문에 권리가 주어졌다는 것을 의미한다.

성경은 인간의 권리에 대해 말하면서, 그것이 '개인' 에게 주어진 것이 아니라 하나님의 피조물로서 '인간' 에게 주어진 것이라고 가르친다. 여기에서 말하는 인간은, 하나님이 제시한 상황에 있는 피조물을 말한다. 그것은 언약의 사실 안에 이미 나타난 것이다. 즉, 하나님과 언약을 맺은 사람들은 그들이 자체적으로 소유하는 가치 이상의 가치를 소유하는 것이다. 그들은 인간 전체를 대표한다. 이를테면, 노아는 인류를 대표하고 아브람은 선택받은 백성을 대표하며… 등이다. 어쨌든 대표자는 여러 사람들 가운데 하나를 의미한다. 그는 한 사람이면서 다른 사람들과 유기적으로 연관되고, 특별히 선택되었지만 그들과 분리되지 않으면서 하나님의 특별한 은혜를 받은 자다. 이에 대해서 사람들은 신화에 관한 이야기라고 주장할 수 있다. 그러나, 언약에 관한 신화는 누구에게 권리가 주어졌는지 정확히 밝히고 있다. 그는 인류와 대립하는 한 사람이 아니라, 인류에 포함된 한 사람이다.

개인과 사회 사이에 딜레마가 없다. 사람은 사회를 벗어나서 이해되지 않으며, 역逆도 마찬가지다. 인간은 사회에서 권리를 부여받을 수 있고, 사회는 인간이 권리를 지닐 때 비로서 안정된다. 따라서 권리를 소유한 자는 가정, 국가, 노동 공동체, 영적 공동체와 긴밀하게 관련을 맺은 인간이다. 권리는 존재의 어떤 '자격'에 내재하는 것이 아니라, 책임있는 인간의 상황에 내재한다. 그리고 그 책임은 자신을 둘러싼 가까운 사람들에게 제한되는 것이 아니라 자손들에게까지 관련이 있다. 왜냐하면, 사람은 수평적 공동체에 속할 뿐 아니라 조상들과 후손들까지 포함하는 수직적 공동체에 속하기 때문이다. 그리고, 하나님으로부터 권리를 부여받는 사람은 다른 어떤 곳이 아니라 바로 그 자리에 있는 사람이다. 따라서, 특정한 개인에게 그렇게 했던 것처럼 인간이 처한 환경에서 그를 배제시키는 것은 결국 그에게서 권리를 빼앗는 것과 같다. 그 순간, 설령 인간의 법이 그에게 가능한 모든 권리를 인정한다 해도, 그 사람이 법의 보호를 받지 못하면 사실상 권리는 지켜질 수 없다. 이것이 바로 19세기에 법의 보호를 받지 못했던 인권의 문제였다. 왜냐하면, 인간의 권리가 두 가지 방식으로 지켜지지 못하기 때문이다. 하나는, 하나님이 부여한 권리를 인간의 법이 부인하기 때문이며, 다른 하나는 비록 사람들이 권리를 인정한다 해도 인간에게 만들어진 어떤 상황이 권리를 행사할 수 없도록 방해하기 때문이다. 세상에서 살고있는 인간의 외적 상황과, 본성에 새겨지고 시효의 대상이 될 수 없는 인간의 권리 사이에는 매우 밀접한 관계가 있다. 즉, 인간의 권리는 자신의 역할을 정확하게 수행하기 위해서 주어질 뿐 아니라, 하나님이 인간에게 제시하는 자리를 차지하기 위한 것이다.

그렇다면 우리는 권리에 대해서 되묻지 않을 수 없다. 인간의 권리는 도대체 무엇인가? 하나님은 이에 대해 어떤 목록도 주시지 않는다. 그 이유는 권리가 멈추지 않고 계속 주어지기 때문이다. 따라서 계시 안에는 완성된 인간의 권리장전이 없다. 그것은 우리가 자연법에 대해서 말했던 것을 상기하면 쉽게 이해된다. 하나님은 완성된 규례집을 미리 만들지 않았으며, 우리는 언약 안에서 참고만 할 수 있을 뿐이다. 인권의 내용은 본질상 우발적이고 변동적이며, 인간이 처한 역사적 상황에 종속된다. 모든 사회가 동일한 요구사항을 나타내는 것이 아니며, 인간의 정신적 요구도 변한다. 정치·경제에 대한 인간의 생각도 마찬가지다.

따라서, 인간에게 고유한 권리들은 시대에 따라 변하지 않을 수 없다. 그렇다고 우리가 지금 본질적으로 변하지 않는 '창조'와 대면하는 것이 아니다. 인간의 권리는 미리 설명되지 않지만, 우리는 그것을 결정지을 수 있는 수단을 가지고 있다.

이를 위해서 두 가지 요소가 주어졌다. 하나는, 종말을 위한 분명한 목적 때문에 하나님이 인간에게 권리를 주신다는 것이다. 그것은 인간의 유익을 위한 것일 뿐 아니라, 인간이 '무엇인가'를 실행하기 위해서 존재한다. 잠시 뒤에 우리는 모든 법을 결정짓는 이 개념을 다시 살펴본다. 그리고 다른 하나는, 권리를 제시하는 당사자에 의해서 권리의 내용이 알려진다는 것이다. 인간은 자기 힘으로 '이 법'이나 인간의 권리를 객관적으로 알 수 없지만, 세상에서 살기 위해서 필요한 자신의 개인적인 권리를 분명히 요구할 수 있다. 다시 말해 정의에 대한 객관적인 본능이 없더라도, 인간은 자신이 처한 상황 자체를 통해서 자신에게 주어진 권리를 알 수 있다. 그것은 진정한 의미에서 소통의 본능일 수 있다. 이를 입증하기 위해서 우리는 성서에서 수없이 반복되는 텍스트를 상기하는 것으로 충분하다. 즉, 시편과 욥기에서 "나는… 내 권리를 주장할 것이다"라고 선언하는 문장을 대표적인 예로 들 수 있다. 또한, 적들과 맞선 시편저자의 권리의식이 또다른 실례가 된다.

그것이 바로 가난한 사람들과 힘없는 사람들이 주장하는 '회복의 요구'가 특별히 고려돼야 하는 이유다.56) 우리가 이미 보았던 것처럼, 하나님에게서 법을 부여받은 사람들은 다름아닌 그들이기 때문이다. (이에 대해서는 구약의 수많은 텍스트들이 있지만, 그것들과 더불어 신약의 야고보서 5장 4절을 보라. "보라 너희 밭에서 추수한 품꾼에게 주지 아니한 삯이 소리 지르며 그 추수한 자의 우는 소리가 만군의 주의 귀에 들렸느니라"). 인간이 고통으로 탄식할 때, 그는 크든작든 자신의 정당성과 순전함으로 권리를 주장하는 것이다. 이처럼, 인간의 요구로

---

56) 어떤 점에서 '요구'는 사탄의 속성을 지니고 있다.

부터 그의 권리가 법률의 영역에서 인정받을 수 있다. 인간의 '요구', 이것이 바로 법을 결정짓는 두 번째 요소다.

물론 '회복의 요구'에 대해서 이렇게 해석하는 것이 위험해 보일 수 있지만, 사실은 예수 그리스도 자신이 그것을 인정한다. 이를테면 우리는 불의한 재판관의 비유에서 가나안 여인의 처지를 자세히 따져보지 않는다는 사실에 주목한다.눅18:2-8 재판관은 여인의 끈질긴 요구에 따라 그녀를 재판한다. 과부인 그녀는 자신을 위한 법이 있다는 사실을 분명히 알고 있다. 따라서 그녀는 정의를 요구하되, 자신의 법을 빼앗을 수 있는 강압적인 권력 앞에서 당당히 정의를 요구한다. 여기에서 우리는 본문의 '불의한 재판관'이 오늘날의 법관들에게서 보는 것처럼 기계적으로 판단하지 않았다는 사실에 주의해야 한다. 이 재판관은 당시의 법에 대해서 자의적인 권한을 쥐고 있는 것처럼 보인다.오늘날 국가나 사회가 인간에 대해서 그런 것처럼 실제로 그는 주어진 권리를 인정할 수도 있고, 빼앗을 수도 있다. 게다가 그는 '불의한 재판관'이다. 다시 말해 그는 하나님을 믿는 신앙도 없고, 인간에 대한 배려도 없다. 그렇다면 그는 가난한 과부를 돕기 위해서 재판해야 하는 하등의 이유가 없다. 사실상 이 재판관은 자신의 판단이 옳다고 믿지도 않고, 동시에 법을 믿지도 않는다. 다시 말해 그에게는 선과 악을 구별하는 기준이 없기 때문에 우리는 그에게서 정당한 판결을 기다리지 않는다. 정의를 알 때라야 비로서 정의로운 판결을 내릴 수 있기 때문이다. 그러나 재판관은 자신의 권리를 주장하는 여인의 끈질긴 요구 때문에 결과적으로 정당한 판결을 내릴 수 있었다. 요컨대, 재판관의 확신을 이끌 수 있었던 것은 그녀의 끈질긴 요구 때문이다. 물론 비유의 초점은 거기에 있지 않다. "항상 기도하라고 가르치기 위해서 그들에게 비유로 설명하셨다….” 그러나, 예수 그리스도께서 우리에게 이런 비유를 주신 이유를 알아야 한다. 그것은 우리가 경험을 통해서 이미 알고있는 것처럼, 끈질긴 요구와 기도 사이에 사실상 근본적인 차이가 없음을 밝히는 것이다. 회복의 요구가 정의의 요구인 것처럼, 하나님은 정의를 요구하시기 때문이다. 비유에 따르면, 정의를 요구하는 것이 끈질긴 기도에 속하는 것이다. 기도를 통해서 인간이 구체적으로 표현하는 것은 자기에게 주어진 권리의 회복이다. 이런 주장이 충격적으로 느껴질 수 있다. 그러나 이것은 억지가 아니라 비유의 마지막 부분에서 우리에게 분명히 전하는 메시지다. “내가 너희에게 이르노니 속히 그 원한을 풀어주시리라… 인자가 올 때에 세상에서 믿음을 보겠느냐”눅18:8 선택받은 사람들이 요구하는 정의, 즉 그들이 주장하는 법이 그들이 보유한 유일한 정의다. 그 정의는 신앙을 통해서 예수 그리스도에게서 그들에게 주어지는 것이다. 자신들의 법을 요구한다는 말은 다시말하면 예수 그리스도가 자신을 구원한다는 사실을 그들이 기도 안에서 분명히 믿는다는 것을 의미한다. 요컨대, 그들은 지금 권리를 주장하면서 동시에 예수 그리스도의 재림을 요구하는 것이다. 마라나타Maranatha :주여 오소서, 이것이 바로 ‘회복의 요구 ‘를 가리키는 원형적인 표현이다.

법의 영역에서 이 비유가 차지하는 효과가 무엇인지 알기 위해서는 법과 하나님의 정의 사이의 불가분의 관계를 상기하는 것으로 충분하다. 또한, 이 비유는 자기의 권리를 주장하는 인간의 태도가 정당한 것임을 밝혀준다.

그러나 다른 관점에서 보면 우리는 이와 상이한 결론에 이를 수 있다. 즉, 한 가지 질문이 필연적으로 제기된다. 자기의 권리를 요구하는 것은 매우 정당하다! 그러나 다른 사람들의 권리를 인정하는 실체는 누구인가? 우리는 그것을 이해하기 위해서 인간의 정의라는 추상적인 미덕을 무턱대고 신뢰할 수 없다. 다만 예수 그리스도가 그에 대해서 분명히 대답할 뿐이다. 예를 들면, 불의한 재판관이 판결한 것은 정의라는 미덕에 따른 것이 아니다. "이 과부가 나를 번거롭게 하니 내가 그 원한을 풀어주리라. 그렇지 않으면 늘 와서 나를 괴롭게 하리라."눅18:5 우리는 이 텍스트의 의미를 기독교의 황금률인 "그러므로 무엇이든지 남에게 대접을 받고자 하는 대로 너희도 남을 대접하라."마7:12의 단계까지 끌어올려야 한다. 여기에서 주제는 미덕에 관한 것이 아니라 상호성에 관한 것이다. 사람은 너나없이 자신의 권리를 인정하라고 요구하기 때문에 마찬가지 이유로 다른 사람들의 권리를 인정해야 한다. 자신을 위한 기준은 분명히 다른 사람들에 대해서도 동일하게 지녀야 하는 인간의 태도이다. 다른 사람들을 위해서 그렇게 하도록 요청받은 기준이 결국 자신을 위해서 기대하는 기준이 돼야 한다. 분명히 말해서 이것은 사랑이 아니라 율법적 태도이다. 그러나 사랑은 이런 균형과 상대성을 깨뜨릴 수 있다. 이를테면, 누가복음6:31-36에서 다른 비유가 전하는 의미를 상기하라. "너희가 대접을 받고자 하는 대로 너희도 남을 대접하라. 너희가 만일 너희를 사랑하는 자만을 사랑하면 칭찬받을 것이 무엇이냐. 죄인들도 사랑하는 자는 사랑하느니라…." 죄인의 태도, 비신자의 태도, 본성적인 인간의 태도가 상대성을 강조하는 인간의 전형적인 태도다. 또한 그것이 자신의 고유한 권리에 대해서 일정한 한계를 인정하지 않을 수 없는 이유이다. 그것은 법적으로 정당한 태도일망정 신앙적인 태도는 분명히 아니다. "죄인도 자기를 사랑하는 사람들은 사랑한다…", "죄인들도 그만큼 받고자 하여 죄인에게 꾸어준다", "너희는 원수까지 사랑하라…." 따라서 우리는 권리를 요구하는 사람과 자신의 관계에 따른 상대성을 따지지 않고 그의 권리를 인정해야 한다.

그러나 '회복의 요구'가 사실상 인간이 내면에 자신의 법을 소유하고 있다는 것을 의미하지 않는다. 하박국의 흥미로운 텍스트합1:5-11가 있다. 자신들 위에 법을 세우고, 스스로 법의 주인이라고 자처하면서 법을 인간 '안에' 두려는 백성의 모습이 어떤 것인지 본문은 뚜렷히 보여준다. 그것은 우선, '당당하고 위엄있는' 백성인 갈대아인에 관한 것이다. "그들은 두렵고 무서우며 당당함과 위엄이 자기들에게서 나오며…." 사실상 이런 태도는 갈대아인에 국한된 것이 아니라, 자신을 위해서 법을 세우고 그것을 보장하려는 인간의 일반적인 요구다. 그러나, 그들의 상황이 어떻게 전개되는가. "그들은 모두 강포를 행하러 오는데…." 그들이 법을 주장하는 것은 결국 다른 사람들을 억압하는 명분이다. 그렇다면, 인간이 정의인양 주장하는 법을 통해서 막상 인간이 죄를 저지르고 있다는 엄연한 사실을 부정하지 못한다.

결론적으로 법은 무엇에 근거해야 하는가? "자신에게 속한 힘, 그것이 바로 자신의 하나님이다." 이는 우리가 역사의 전반적인 흐름 안에서 확인하는 사실이다. 인간이 자기 위에 법을 세운다고 주장하고, 자기 안에 법이 있다고 주장할 때마다 그 법은 결과적으로 폭력에 기초한 것이다. 그 순간에 폭력과 정의 사이에 차이가 없다. 정의도 법도 아닌 가장 강한 것이 옳은 것이다. 사실이 그렇다면 지금까지 우리가 주장했던 것과 정반대이다. 즉, 우리는 약자이기 때문에 하나님으로부터 법을 부여받을 수 있고, 하나님과 인간 앞에서 권리를 주장할 수 있다고 말했다. 그러나, 우리가 앞에서 지적했던 첫 번째 결정요소의 기준에 따라서 한 가지 사실을 구별해야 한다.

* * *

3) 마침내 우리는 법의 세 번째 요소로서 정의와 만난다. 이것은 불확실성과 더불어, 하나님의 정의와 분명한 관계가 없기 때문에 법의 구성요소들 가운데 가장 난해한 요소임에 틀림없다. 정의에 대한 전통적인 생각은, 인간은 자신의 내면에 선과 악에 대한 분명한 지식을 가지고 있는 동시에 정의에 대한 공통적인 감정을 지니고 있다는 것이다. 따라서, 인간은 본래 의로운 것을 판단하고 정의로운 법을 창조할 수 있는 능력을 지녔다는 것이다. 그러나, 실질적인 확인의 영역에서 이런 주장은 중대한 난관에 봉착한다. 인간의 관점에서 정의가 무엇인지 결정짓는 것은 사실 거의 불가능하다. 물론 우리는 이에 대한 파스칼의 주장을 잘 알고 있다. 그의 저서 『팡세』*Pensée*는 성 어거스틴의 '참회록' 에서 우리가 익히 보았던 것을 재구성한 것에 지나지 않지만, 어쨌든 기독교적이라고 알려진 자연법에 대한 전통적인 주장만큼 정의에 대한 회의론懷疑論이 잘 나타나있다. 그와 같은 방향에서 기독교를 대표하는 M. Huber는 최근에 다음과 같이 말했다. "정의正義는 정의定意되지 않는다. 평등, '다른 사람에게 해를 끼치지 말라' …등은 정의의 물리적인 규범이 아니라 비평적인 원칙이다. 우리가 무엇이 불의인지 잘 알고 있다는 것은 우리의 감정이 그렇게 말하고 있기 때문이다. 그러나 불의와 달리 우리는 정의는 간단히 단정지을 수 없다. 그럼에도 불구하고, 정의에 대한 사유가 끊임없이 법의 비평원리라는 것은 큰 의미가 있다." 정의가 무엇인지 실체를 파악할 수 없는 불가능성과, 시대와 장소에 따라 변하는 내용의 다양성, 인간은 기껏해야 외적인 형식 논리만 발견할 수 있을 뿐이라는 사실로 인해서 우리는 정의에 대해서 보다 깊이 생각

하지 않을 수 없다. 그렇다고 우리는 "인간은 내면에 정의에 대한 생각을 지니고 있다"라는 근본적인 생각을 버리지 않는다.57)

이에 대해서 성서는 우리에게 무엇이라 말하는가? 성서의 주장은 언제나 단호하다. 즉, "인간은 절대로 정의를 알지 못하며, 선에 대해서도 전혀 알지 못한다." 선과 악의 지식에 대한 지루한 논쟁에 무턱대고 들어가기 보다는 정의의 문제에 관한 의미있는 주목에 머물 것이다. 이를테면, "인간은 '선과 악을 알게 하는' 나무의 과실을 먹었다. 따라서 인간은 그때부터 선과 악을 알고 있다. 그런데도 인간이 선을 행하지 않는다면 그것은 선에 대한 무지가 아니라 의지의 악함 때문이다." 흔히들 이렇게 문제를 제기하지만, 이것은 매우 잘못된 관점이라고 생각한다. 사실은, 인간이 금지된 나무의 과일을 먹는 순간에 인간은 이미 죄를 범한 것이며 따라서 하나님에게서 멀어졌다. 그렇다면 인간이 선과 악을 아는 것은 하나님과 분리된 상태에서, 다시 말해 죄 안에서 알고있는 것이다. 결국 인간은 죄로 말미암아 죽을 수 밖에 없는 인간의 조건에 갇힌 채 선과 악을 알고있다. 인간은 결국 죄 안에서, 이른바 하나님의 사랑에서 벗어난 정적인 상태에서 선을 알 수 있을 뿐이다. 이것은 인간이 진정한 선에 대해서 최소한의 개념이 없을 뿐 아니라, 하나님과 멀어졌기 때문에 정의에 대해서도 최소한의 개념을 지니고 있지 않다는 사실을 분명히 밝히는 것이다. 이것이 바로 성경이 우리에게 일관되게 알려주는 선과 정의에 대한 불완전한 개념이다. 요컨대 인간은 스스로, 다시 말해 '본성으로' 정의가 무엇인지 절대로 알지 못한

---

57) 최근의 잇다른 연구에도 불구하고 정의의 개념은 여전히 분명하지 않다. 이에 대한 내용을 자세히 알기 위해서는 막스 후버의 책을 읽는 것이 좋다. 막스 후버(max Huber), 'Das Recbt und der cbristlicbe Glaube')

다.58)

　　이에 관한 모든 것이 이미 바울의 주장 안에 담겨있다. 롬9:30-31

"… 의를 따르지 아니한 이방인들이 의를 얻었으니 곧 믿음에서 난 의요, 의의 법을 따라간 이스라엘은 율법에 이르지 못하였으니 어찌 그러하냐. 이는 그들이 믿음을 의지하지 않고 행위를 의지함이라… ." 인간은 설령 선민選民인 이스라엘에 속한 자일지라도 스스로 정의로운 율법을 만들 수 없다. 본문이 단지 의화義化 59)에 관한 것이라는 주장은 적절하지 않다. 바울은 인간이 하나님과의 관계 안에서, 그리고 다른 사람들과의 관계 안에서 선행을 실천하면서 의롭다고 인정받기 원한다는 사실을 고발하는 동시에, 인간은 자신의 힘으로 정의로운 율법에 도달하는 것이 불가능하다는 사실을 뚜렷히 밝히고 있기 때문이다. 여기에는 법을 이루는 두 요소가 긴밀히 연결되었다. 어떤 방식으로든 '정의'는 땅에 있지 않고, 인간의 마음에 있지도 않으며, 본성 안에 있지도 않다 : "… 의는 하늘에서 굽어보도다."시85:11 그것은 언제나 하나님의 기부이며 은혜이다. 따라서, 하나님의 의지에 따라서 인도되지 않는 인간사회에는 언제나 불의와 무질서가 지배한다. 사24:5

　　그렇다면 인간은 언제 정의를 알 수 있는가? 그 때는 다름아닌, 하나님의 심판과 만날 때이다. "이는 주께서 땅에서 심판하시는 때에 세계의 거민이 의를 배움이니이다. 악인은 은총을 입을지라도 의를 배우지 아니하며…."사26:9-10 뒤집어 말하면, 법을 통해서 땅에서 정의가 실현되는 때가 하나님의 심판이 나타나는 때다. 우리는 잠시 뒤에 이 주제로 다

---

58) 정의는 본질적으로 하나님의 의지에 부응하는 개념이기 때문이다.

59) 역주: 실제로 의롭기 때문이 아니라 믿음으로 말미암아 의롭다고 인정받는다는 뜻이며, 일반적으로 칭의(稱義)라고 번역한다.

시 돌아와야 한다 "온 이스라엘이 왕이 심리하여 판결함을 듣고 두려워하였으니 이는 하나님의 지혜가 그의 안에 있어 판결함을 봄이더라."^{왕상} 3:28

다만, 정의를 알 수 있는 지식의 독점적인 근원은 완전하지 않다. 이를테면, 하나님이 심판하실 때마다 하나님은 은혜를 베푸신다. 하나님의 심판 안에서 인간에게 알려진 모든 정의는 사실상 인간이 정의를 알게하는 하나님의 은혜이거나 선물이기 때문이다. 사람이 정의를 알 수 있는 유일한 길은 하나님이 주신 지혜를 통해서만 가능하다. 솔로몬의 기도에 대한 하나님이 응답을 기억하자. "네가… 오직 송사를 듣고 분별하는 지혜를 구하였으니 내가 네 말대로 하여…."^{왕상3:11} 인간이 정의를 알 수 있는 유일한 방법은 지혜에 달려있으며, 그 지혜는 하나님이 주시는 것이다. 성서를 모두 읽어봐도 지혜에 대해서 잠언보다 뚜렷하게 설명한 책이 없다.^{잠2:6-12} 잠언은 지혜 자체에 대해서 말하며, 정의가 지혜에 따른다고 분명히 밝힌다. "대저 여호와는 지혜를 주시며… 그런즉 네가 공의와 정의와 정직 곧 모든 선한 길을 깨달을 것이라… 지혜가 너를 선한 자의 길을 길로 행하게 하며 또 의인의 길을 지키게 하리니…." 이는 정의에 대한 지식과 정의의 실천 사이에 구별이 없다는 사실과, 둘다 어김없이 지혜에 종속된다는 사실을 우리에게 밝혀주는 것이다. "너는 깨달을 것이며 그 길을 걸을 것이다." 하나님의 지혜 안에서 하나는 다른 하나의 도움없이 나아갈 수 없다. 그리고 본문에서 '정의'와 '공의'로 번역된 두 단어가 히브리어 짜다크^{zädäk}와 미슈파트^{mischpath} 라는 사실을 강조할 필요가 있다. 즉, '신성한'과 '인간적인'이라는 본래의 뜻을 지닌 두 단어는 우리가 인정하는 정의의 의미를 정확하게 설명한다. 그렇다면, 인간의 정의는 결국 하나님의 지혜

덕분에 이해되고 실천할 수 있을 뿐이다.

하나님의 율법이 인간의 마음에 있다고 기록한 성경의 텍스트들에 대해서 말하자면, 사실상 그것들 가운데 대부분은 우리가 방금 말했던 것들을 사실로 '확인'할 뿐이다. 즉, 하나님이 율법을 인간의 마음에 새긴 것은 본성이 아니라, 은혜로 말미암은 것이다. 여기에서 말하는 은혜는 엄격한 의미에서 구원의 은혜를 말한다. 이에 대해서 가장 분명하게 밝히고 있는 텍스트는 구약의 예레미야가 이미 선언했던 것이다. 이를테면, 하나님은 모세와 맺었던 '옛 언약'을 때가 되면 인간의 마음에 율법으로 새겨지는 '새 언약'으로 대체하시리라는 텍스트이다. "보라. 날이 이르리니 내가 이스라엘 집과 유다 집에 새 언약을 맺으리라." 이와 병행해서, "이는 작은 자로부터 큰 자까지 다 나를 알기 때문이라"렘31:31-34의 텍스트를 기억해야 한다. 여기에 덧붙여 수많은 텍스트들을 반복해서 인용하는 것은 사실 무의미하다. 인간의 마음에 새겨진 율법이 중요한 것은 하나님이 그것을 선택했고 은혜를 베풀었기 때문이다. 나아가, 인간은 예수 그리스도를 계시하신 하나님이 텍스트에 기록한 그 하나님이라는 사실을 인정했기 때문이다. 이처럼 우리는 본래 인간의 본성에 존재하는 정의의 개념과 정확히 대척점에 자리잡는다.

그럼에도 불구하고, 정확한 해석에 여전히 어려움이 없지 않지만 우리가 특별히 주목해야 하는 텍스트가 있다. 그것은 로마서 2장 14절로, '인간의 마음에 존재하는 자연법'을 주장하는 모든 사람들이 지지하는 텍스트이다. "율법 없는 이방인이 본성으로 율법의 일을 행할 때에는 이 사람이 율법이 없어도 자기가 자기에게 율법이 되나니 이런 이들은 그 양심이 증거가 되어 그 생각들이 서로 혹은 고발하며 혹은 변명하여 그 마음에 새긴 율법의 행위를 나타내느니라."

이 문장에 대해서 우리가 전체를 설명하지는 않더라도 몇 가지 사실에 반드시 주목해야 한다. '율법없는 이방인이 본성으로'라는 텍스트의 의미를 자세히 살펴보면, 사실상 바울이 여기에서 주장하는 '본성으로'라는 말은 하나님의 말씀인 율법과 분명히 대립된다. 따라서 인간의 '마음'과 실제로 연관된 것은 '본성'이 아니라 율법에 알맞게 만들어진 '다른 활동'이다.

결론적으로 본문은 우리가 섣불리 주장하는 것처럼 율법이 인간의 마음에 '본성으로' 새겨졌다는 것을 의미하지 않는다. 여기에서 중요한 것은 하나님을 믿지 않는 '이방인'의 행동에 관한 것일 뿐이다. 행동의 규범으로서 율법이 없는 이방인은 자신의 내면에서 어떤 논쟁이 있고나서 마침내 행동에 착수한다. 그리고 내적인 논쟁 안에 행동의 선택을 결정짓는 자신의 생각과 의식이 개입한다. 자신의 결정에 따라 행동하면서60) 그는 자신도 모르는 사이에 하나님의 뜻에 알맞은 의로운 행동을 할 수 있다. 그 때 이방인은 행동을 통해서 자신을 위한 어떤 율법이 있다는 것을 증명한다. 즉, 이방인인 그가 율법적인 행동을 했고, 그 행동은 마음에서 비롯되었으며, 그것은 결과적으로 계시하신 하나님인 예수 그리스도의 말씀에 해당하는 것이다. 이것은 이른바 "마음에 쌓인 대로 말한다"라는 텍스트에 근거한다. 본문에서 중요한 것은 내면에 있는 율법이 아니라 율법에 일치하는 행동이며, 이것이 이방인이 할 수 있는 전부다. 그는 경우에 따라서 하나님의 뜻인 율법을 모르

---

60) "율법없는 이방인이 본성으로 행할 때는…"이라는 문장을 볼 때 이것은 결코 강제적이 아니다.

고 선과 악에 대한 지식이 없으면서도 율법으로서 하나님의 의지에 따라서 행동할 수 있다. 본문의 배경에는 원튼 원치 않튼 우리의 의지와 상관없이 요동치는 신앙의 문제가 존재한다. 따라서 우리는 장 전체의 문맥 안에서 의미를 살펴보아야 한다. 본문을 전체적인 의미로 해석하면, 율법이 있든 없든 상관없이 믿음에 의해서 정의가 존재한다는 것이다. 그러나, 율법이 없이도 율법의 의를 정확히 실행할 수 있다면 우리는 모세의 율법이 지니는 본질적인 문제로 다시 돌아가며, 그것은 우리의 연구에서 벗어나서 너무 멀리 나가는 것이다.

본문은 우리의 연구를 위해서 매우 가치있는 개념을 강조했다. 즉, '행동'의 개념이 본문의 중요한 핵심이다. '본성적으로' 인간은 하나님에 의해서 행동하도록 부름받았으며, 따라서 인간의 행동은 결과적으로 의로울 수 있다. 아담을 예로 들어보자. 사실 하나님은 그에게 어떤 특별한 힘을 주시지 않았고, 어떤 미덕이나 능력을 주시지도 않았다. 다만 살기 위해서 일하게 하셨고, 출산의 고통을 겪으면서 자손을 번식시키게 하셨다. 인간은 호모 파베르homo faber,공작인, 61)로서, '만드는 인간'이다. 즉, 인간은 지성이나 손과 발처럼 단순히 행동의 수단들을 부여받았을 뿐이다. 이것은 생명을 번식시키고 유지하기 위해서 반드시 필요한 것이다. 사실 인간은 그 이상의 아무 것도 아니다. 가인을 생각하면 더욱 분명해진다. 하나님이 그들에게 보장했던 생명의 보호를 실제로 적용하는 것도, 모든 기술을 만드는 것도 사실은 가인과 그의 후예들의 몫이다. 법의 영역에서, 그리고 사회적 관계를 조직하면서 인간은 정의가 무엇인지 모른다. 다만 인간은 행동하고, 조직하고, 판

---

61) 역주: 인간과 동물의 근본적인 차이에서, 인간의 특징을 물건을 만들고, 물건을 만들기 위해서 도구를 사용하는 것으로 보는 견해. 호모 사피엔스(homo sapiens) '예지인'의 인간관과 대립한다,

단해야 한다는 사실만큼은 분명히 알고 있다. 이것이 인간에게 실제로 주어진 모든 상황이다.

다른 분야와 마찬가지로 지금 말하는 분야에서도 인간은 공작인homo faber이다. 인간은 이성을 지니고 있으며, 자신의 이성에 따라서 상대적이고, 실제적이며, 일시적인 정의에 대해서 어떤 기준을 만들 수 있을 뿐 아니라 그 기준에 따라 판단한다. 또한 인간의 이성은 행정적, 법적인 기술 안에서 기준을 효과적으로 다듬는다. 인간은 이성 안에 인간이 유지해야 하는 질서를 지니고 있기 때문이다. 그러나, 계산에 착오가 있을 수 있고 행동에 실수가 있을 수 있는 것처럼, 그리고 '의롭다고' 말한 것이 사실은 반드시 의롭지 않을 수도 있는 것처럼 인간이 '법'이라고 주장하는 것이 언제나 진정한 의미에서 법이 아닐 수 있다. 이것이 바로 성서에 따르면 정의인 것이 인간의 정의의 감정이나 유기적 질서에 반드시 부합하지 않을 수 있는 이유다. 법을 만들 때 인간은 정의를 위한 지선至善의 규범을 재현하려고 애쓰지 않는다. 반면에, 좀더 가시적인 구성을 잘 해내려고 노력할 뿐이다. 법의 제정을 주재하는 법적, 행정적인 구성과 구성을 지배하는 규범들은 인간의 생명을 보전하는 것이 목적이며, 인간은 근본적으로 이 목적에 부응한다. 다시 말해 인간은 자신의 법을 성공시키기 위해서 노력하며, 사실상 이것이 법을 제정하는 구체적인 기준이 된다. 인간은 어떤 이상을 따르는 것이 아니라, 실제적인 결과를 추구한다. 따라서 하나님의 뜻에 비춰서 때로는 정의로울 수도 있고, 때로는 불의일 수도 있는 행동을 한다. 실제로 이런 정의의 탐색들이 세상의 보존을 위해서 질서있게 정리되며, 인간은 호모 파베르로서 세상을 보전하기 위해서 정의의 규범에 따라서 행동한다. 이것이 하나님이 법에 부여한 목적들 가운데 하나이며, 세상에 대한 하나님의 인내의 한 요소가 된다.

따라서 우리는 어떤 법률이나 법적 조항이 하나님의 인내를 이루는 유기적 요소라는 사실을 정의의 기준으로 채택할 수 있다. 그렇다면, 사회에 파괴적이며, 무질서와 죽음을 야기하며, 분열로 이어지는 율법은 결과적으로 불의한 법이다. 형식적인 질서를 유지하면서도 사실은 억압과 경직으로 개인들과 집단들의 정신적인 삶을 가로막는 율법도 그와 마찬가지로 불의한 것이다. 왜냐하면, 법률에 의한 정신적 고갈은 머잖아 사회의 쇠락으로 이어지기 때문이다. 결국 그런 법률은 하나님의 인내를 이루는 유기적인 요소가 되지 못하며, 사회와 인간의 '생명'과 '사망'의 딜레마에서 벗어나는 법률은 정의롭지 못하다. 모든 법률이 생명의 보존에 참여해야 하며, 크든작든 인간의 안전한 보존의 수단이 돼야 한다. 이런 기준에 따라서 정의가 인간의 범주에서 결정될 수 있다. 그러나 자신의 편의를 위해서 인간이 제정한 실용적인 정의 안에서 하나님의 정의와 공통점을 찾을 수 있는가? 언뜻 보기에 공통점이 전혀 없다. 실제로, 완전한 법을 분석의 출발점으로 삼는다면 공통점이 없다는 말이 맞다. 그러나 정의도 행동이기 때문에 지속적인 동시에 마침내 종착점이 있다는 사실을 잊지 말자.

법을 제정하면서 인간은 그것에 요구되는 제반 요소들을 고려하지 않을 수 없다. 동시에, 법은 주어진 조건이라는 이유로 처음에 문제삼지 않았을 요소까지 덧붙여 생각하지 않을 수 없다. 그러나, 종종 법의 요소들을 문제삼을 때 인간은 자신이 살고있는 사회에 대해서 비판적 입장에 선다. 그런 요소들 가운데 무엇보다 먼저 제도가 있다. 사람은 초자연적인 깨달음이 있다거나, 하나님의 정의의 의미를 이미 알고있다는 이유를 내세우면서 때로는 제도를 인간의 범주 안에서 인정하려 들지 않는다. 또는, 인간이 살아가기 위해서 필요한 것들에 대해서 나름의 분명한 판단이 있다면서 제도를 부정하기도 한다. 반면에, 제도가 만들어졌고 또한 존재하기 때문에 인간은 제도를 인정한다. 마치 하늘과 물의 존재를 인정하고, 마술적인 능력의 존재를 인정하는 것과 같은 이치다. 그때부터, 즉 존재를 사실로 인정하는 순간부터 인간은 자신이 구성하는 법 안에 제도들을 도입시킨다. 결국 인간은 제도를 설명하는 데 머물다가 마침내 법을 만들면서 비로서 구체적인 형식을 부여한다.

이어서 두 번째 요소인 인간의 권리와 충돌하며, 여기에서도 마찬가지로 인간은 한 사회의 법을 만들면서 인간의 권리를 고려하지 않을 수 없다. 인간의 요구를 무시한다면 사실상 법은 아무런 의미를 지니지 못할 뿐 아니라, 법으로 인정받지도 못할 것이다. 인간을 법에 복종시키는 것은 결국 자신의 권리를 보호하는 것이며, 자신의 정의를 존중하는 수단이다. 법의 구체적인 출발점이 기본적인 체계 안에서 언제나 법의 승인이 되는 이유다. 승인의 형식화는 매우 일반적인 현상으로, 언제나 법의 형식화보다 앞섰다. 승인받는 순간부터 법은 인간의 요구 안에서 지지를 받으며, 법의 정당성이 모두에게 인정받는다. 따라서 우리는 법을 인정할 수 있는 조건들을 제시하게 되며, 공적 승인은 결국 인간의 요구에 부응하는 조건들 안에서 비로서 가능하다. 이같은 조건들에 대한 구상은 결국 법관이 재판하기 위해서 지켜야 하는 규범들에 대한 구상이다.

앞에서 말한 두 경우에서 우리는 법에 대한 인간의 역할이 결국은 형식에 관한 것이라는 사실을 알았다. 즉, 인간은 제도에 대해서 그랬던 것처럼 존재하는 법에 대해서도 어떤 형식을 부여한다. 그러나 인간은 사회·경제적인 여건에 따라 얼마든지 법의 형식을 바꿀 수 있다. 물론 형식의 변화뿐 아니라 더 멀리 나갈 수 있다. 법이라는 것을 거부할 수도 있고, 법이 아닌 것을 제시할 수도 있다. 기존의 제도들을 파기할 수 있으며, 형식화 작업을 하면서 인간이 정의라고 부르는 기준에 따라서 모든 것들을 수정할 수 있다. 그러나 여기에서 말하는 정의는 사실상 인간에게 유용하고 실용적인 기준들과 일치하는 어떤 것에 지나지 않는다. 다시 말해, 인간은 자신이 살고있는 사회를 조직하기 위해서 자신에게 유익한 기준들을 제시한다. 그렇기 때문에 인간의 정의에 어떤 내재적인 의미를 부여하는 것이 불가능하다. 따라서 우리는 정의가 인간의 권리나 제도들과 전적으로 일치한다고 생각할 수 없다. 정의에는 다른 역할이 있으며, 그것은 제도들이나 권리에 현재의 형식을 부여하는 것이다. 즉, 정의는 사회·경제·기술적인 여건들을 고려해서 상황에 알맞게 그것들을 정리하고 형식을 부여해서 마침내 인간의 권리가 존중될 수 있게 만드는 것이며,62) 인간의 권리가 기존의 제도들과 조화를 이루게 만드는 것이다. 다만, 이같은 정의가 영원히 변하지 않는다고 생각할 수 없다. 인간의 정의는 때에 따라 해석이 달라질 수 있는 실용적인 기준에 지나지 않기 때문이다.

하나님과 연관된 정의의 관계에 대해서 말하자면, 그것은 이처럼 인간이 결정하는 정의로부터 세워지는 관계가 아니다. 인간의 '인위적인' 정의는 절대로 하나님의 정의와 일치하지 않는다. 그 관계는 분명히 하나님에 의해서, 그리고 하나님의 정의로부터 세워지지만 인간과

---

62) 이것이 바로, '남에게 해를 끼치지 말라' *suum cuique tribuere*는 도덕률이 형성되는 과정이다

실제로 만나기 위해서 인간의 조직적인 정의로 다시 거슬러 내려간다.

＊　＊　＊

　우리는 인간의 법이 지니고 있는 요소들에 대한 정의를 시도했지만, 이것만으로 법의 진정한 의미와 가치를 밝히지 못한다. 그렇지만 분명히 이것은 우리의 연구를 위한 실제적인 출발점이며, 언약과 재림의 개념 안에서 비로서 인간의 법이 지니는 의미와 가치를 해석할 수 있다. 언약과 재림의 관계 사이에 법이 존재하기 때문이다. 우리는 이같은 분석을 통해서 법의 형식은 어떤 선험적 원리에서 파생되지 않는다는 것을 알고 있다. 다만 그것은 구체적인 상황 안에서 의미있는 분별과 역사적인 사실에 대한 판단에서63) 파생될 뿐이다. 우리가 '객관적입 법'이라고 수식하는 이런 현상은 본질상 상대적이지만, 다만 상대적인 것에 그치지 않는다. 하나님은 그 법에 우리가 지금 만나게 되는 권위를 부여하시기 때문이다.

---

63)　이 판단은 어쨌든 하나님의 정의에 따른 정당한 판단을 의미한다.

2. 종말론과 법

언약의 개념은 정의의 개념과 대립하지 않는다. 그것은 하나님의 정의가 세상의 종말과 그리스도의 재림을 지향하기 때문에 더욱 분명하다. 언약과, 언약의 기원에서 출발점을 찾는다 해도 법은 단지 언약이나 기원 안에서만 고려되는 것이 아니다. 법이 하나님의 정의에 종속되기 때문에 반드시 종말론과 '마지막 심판'과의 관계 안에서 생각해야 한다. 결국 종말의 '목적', 그리고 결론과 더불어 법의 개념을 파악해야 한다. 언약에 대해서 지금까지 우리가 말했던 것은 사실 '종말'의 관점에서만 이해될 수 있다. 실제로 우리는 법을 결정짓는 요소로서 반복해서 종말을 개입시키지 않을 수 없었다.

더 정확하게 말하자면, 우리는 법이 언약과 마지막 심판 사이에 반드시 포함되는 것으로 생각해야 한다. 다시 말해 법은 언약, 심판과 더불어 하나님의 정의가 감싸고 있는 중간의 매개적 가치다. 그러나, 법이 중간에 위치하는 매개적 가치이기 때문에 인간의 정의를 위한 새로운 창조가 있을 때 마침내 시효가 끝나서 완전히 사라진다고 말하는 것은 정확하지 않다. 새로운 예루살렘에 통합된 나라들의 영광에 대한 요한계시록의 텍스트계21:24-26나, 심판을 통해서 인간의 지속적인 행동을 판단하는 텍스트고전3:13까지 인용하지 않더라도, 우리는 최소한 예수 그리스도의 말씀에 주목해야 한다. "너희가 심판하는 그 심판으로 너희가 심판을 받을 것이요…"64)마7:2 물론 본문은 잘 알려진 대로 '정신

---

64) 역주: 개역개정본에는 다의적 의미를 지닌 헬라어 크리노(krino)를 심판이 아니라 비판의 의미로 번역했지만, 문맥상 의미를 해석하면 비판보다는 심판이 정확하다,

적인’ 의미가 핵심이다. 그러나, 심판을 가리키는 다른 두 텍스트와 관련지어 의미를 해석하면 절대로 법과 무관하지 않다는 사실을 알 수 있다. 즉, 달란트 비유에서 주인은 악한 종이 말한 것에 근거해서 심판한다. “… 내가 네 말로 너를 심판하노니, 너는 내가 두지 않은 것을 취하고 심지 않은 것을 거두는 엄한 사람인 줄로 알았느냐….”눅19:22 다른 관점에서 살펴보면 로마서2:12-16가 있다. “무릇 율법 없이 범죄한 자는 또한 율법 없이 망하고, 무릇 율법이 있고 범죄한 자는 율법으로 말미암아 심판을 받으리라… 율법 없는 이방인이 본성으로 율법의 일을 행할 때에는 이 사람은 율법이 없어도 자기가 자기에 대하여 율법이 되나니.” 이는, 하나님의 정의가 준엄하고 불변하는 규범의 표현이 아니라, 무엇보다 구체적인 확인이며 개인적인 심판이라는 사실을 분명히 밝혀주는 것이다. 역사의 흐름 안에서 진실인 것은 마지막 심판에서도 진실이다. 심판의 날에 죽은 사람들 앞에 심판하는 율법이 있는 것이 아니라, 살아있는 하나님이 있다. 우리는 하나님이 인간의 법에 따라서 심판하신다는 사실을 알고 있으며, 그것은 여기에서도 변함없는 진실이다. 즉, 하나님은 사람을 심판하시기 위해서 절대적인 법을 적용하는 것이 아니라, 그 사람의 정의를 적용한다. 이를테면 하나님은 그 사람의 개인적 기준과, 말과, 삶이나 법에 대한 자신의 규범과, 판단에 따라서 사람을 심판한다. 사람은 먼저 하나님의 절대적인 신성에 따라서 정죄되는 것이 아니다. 절대적인 하나님 앞에서 어떤 인간도 존재하지 못하며, 다만 하나님이 용서하시는 순간에 비로서 나타날 수 있을 뿐이다. 따라서, ‘준엄한 공의의 하나님’ 앞에서 심판받기 전에 인간은 자신의 정의에 기준해서 심판받는다. 이것이 하나님이 인간과 함께 실행하겠다고 인정하신 송사의 의미이며, 여기에서 하나님은 인간의 정의의 차원까지 스스로 낮아지신다. 욥에게 물으셨던 것처럼, 인간의 정의와 더불어 하나님의 정의를 적용하신다. "전능자께서 말씀하시기를, "네게 묻노니 너는 내게 알게 하라. 네가 나의 정의를 소멸시키려느냐?"욥40:2-3 이것이 바로 십자가의 중요한 의미로, 인간은 자신의 판단에 따라 죄를 심판받는다. 즉, 인간은 하나님의 아들에게 죽음의 심판을 내렸으며, 다른 어떤 것이 아니라 하나님의 아들을 죽인 이 심판으로 말미암아 하나님은 결정적으로 인간을 심판한다. 그때 인간의 가치는 더 이상 존속할 수 없다. 하나님이 이 심판을 적용하실 때 인간 자신과 더불어 인간의 정의가 결정적으로 소멸하기 때문이다.

따라서 하나님이 우리의 고유한 판단 기준에 따라서 우리를 심판하신다는 핵심적인 개념에 주목해야 한다. 실용적인 면과 우발적인 면을 동시에 지닌 인간의 법을 하나님은 기꺼이 수용하시고, 인간을 심판하실 때 그것을 적용하신다. 이것이 바로 인간의 법이 함축하는 중요한 의미다. 따라서 우리는 법을 가볍게 대할 수도 없고, 충동적인 인간의 열정에 이끌리는 대로 무턱대고 내버려둘 수 없다. 자신이 속해있는 가정, 직업, 나라, 지도자들과 어떤 식으로든 연관된 우리는 이런 배경 안에 적용된 규칙들과 더불어 하나님에 의해서, 또는 지도자들에 의해서 평가받는 것이다.

오해를 피하기 위해서 잠깐 멈춰서 우리는 이것이 하나님의 '유일한' 판단 기준이 아니라는 사실을 먼저 기억하자. 즉, 인간의 법은 우리의 죄에 대한 절대적인 척도가 아니며, 하나님의 심판을 이루는 '일부'이다. 인간의 모든 법, 다시 말해 인류 역사의 전체 흐름 속에 나타난 인간의 광대한 발명품으로서 오류, 방황, 불의까지 포함하는 인간의 모든 법은 결과적으로 하나님에 의해서 수용된다. 요컨대 빌라도와 유대인의 법, 이를테면 나라들의 법률과 선택받은 민족의 율법에 복종했던 예수가 이에 대해 분명한 이미지와 의미를 주었다. 그것은 이중의 의미를 지니고 있기 때문에 먼저 각각의 의미를 구별하는 것이 좋다. 하나는, 법은 결국 법의 기준이 되는 죄와 무관하지 않다는 것이다. 다시 말해, 법은 인간의 죄와 연관되기 때문에 결과적으로 법은 죄의 표현일 수 있다. 인간 자신이 죄에 대한 대응으로 법을 사용하는 것처럼, 인간에 대한 심판의 도구로 법은 하나님에게 수용되기 때문에 법은 판단의 기준으로서 중추적 역할을 하는 죄와 구별되지 않는다. 나아가 우리는 법이 하나님의 정의와 언약을 표현하기 때문에 그렇다고 분명히 말할 수 있다. 심지어 법이 '불법'이 되고 법에 명백한 잘못이 있을 때에도 법은 여전히 죄의 기준이 된다.65) 왜냐하면, 바로 그 순간에 인간은 자신의 죄에 정당성을 부여하려 들고, 자신의 고유한 기준에 따라서 하나님의 정의를 판단하려 들기 때문이다. 요컨대, 자신의 법을 통해서 인간은 자신의 고유한 판단을 숨김없이 드러내는 것이다. 달란트의 비유를 다시 인용한다면, '악한 종'이 자신의 정당성을 내세우며 주인의 잘못에 대해서 판단할 때, 그에게 제시된 행동규범은 다름아닌 자신의 죄에 대한 기준이 되는 그의 법이다. 그렇다면, 하나님이 수용하고 인간에게 판단의 기준이 되는 법은 결론적으로 인간에 의해서 보존되는 것이 아니다.

다른 하나는, 법이 언약과 밀접한 관계가 있고 또한 언약에서 비롯되기 때문에 이 법은 인간의 다른 활동들과 마찬가지로 천상의 예루살렘 안에서 나라들의 영광과 존귀 가운데 하나님에 의해서 보호받는다. 그리고 여기에서도 법은 하나님에 의해서 수용된다. 왜냐하면, 천상의 예

---

65) 예를 들면, 불의의 극치로 이어지는 완전히 기술적인 법은 이에 대한 표현이다.

루살렘이 출현하는 그때 하나님이 맡겼던 사명을 완수하면서 이 법은
예수 그리스도의 주권의 일부가 되기 때문이다.

　이처럼 우리는 법이라는 인간의 행위에 대해서 하나님이 인정한 두
양상을 보게 된다. 법의 두 양상은 이스라엘 백성들이 세상의 왕을 요
구했을 때 하나님이 취하신 태도 안에 이미 포함되어 있다.사무엘상 8장
이스라엘 백성이 그렇게 행동하면서 왕으로 인정하지 않고 거부한 대
상은 사실상 하나님 자신이다. 그들은 철저히 불충했고 불순종했다. 그
럼에도 불구하고 하나님은 세상의 다른 왕을 구하는 그들의 의지를 수
용하시고, 왕의 율법을 제시한다. 즉, 그는 인간의 불순종을 감당하면
서 동시에 백성에 대한 징벌의 기준을 만들었다. 징벌은 사울에게서 분
명히 나타난다. 그러나, 사울을 징벌하는 한편 하나님은 예수 그리스도
의 왕권을 대신하는 다윗과 더불어 상황을 다시 회복시킨다. 하나님을
왕으로 받아들이지 않았던 이스라엘 사람들은 그때 다윗을 통해서 하
나님의 주권에 다시 복종한다. 그것은 하나님이 이스라엘의 왕권을 지
키시고, 이 왕권을 예수 그리스도 안에서 하나님이 영원히 세우는 왕권
으로 인정하시기 때문이다. 사실상 이전과 같은 상태에 머물면서도 이
스라엘의 행위는 구원과 축복에 이르는 결과가 된다.

　법에 대해서도 마찬가지이다. 법을 이용해서 인간을 위한 징벌의 도
구로 삼으실 때 하나님은 인간의 법이 유지하고 있던 상황을 완전히 뒤
집는다. 하나님이 법을 수용하시는 순간, 하나님은 이 법을 통해서 인
간이 제정했던 법적 규범들보다 훨씬 많은 것을 이루신다. 그것으로 하
나님은 자신의 고유한 정의를 나타내는 징표로 삼는다. 이처럼 법이 하
나님의 손에 결정적으로 장악되는 순간, 법은 예외적인 권위를 부여받

는다. 우리는 여기에서 법의 본질적인 모습을 본다. 즉, 법의 기원이나 언약과의 관계 때문에 법이 우리에게 가치있는 것이 아니다. 왜냐하면, 하나님의 정의에 견줄 때 인간의 법은 사실상 불의하다라는 사실 이외의 다른 것을 설명하지 못하며, 다만 무가치한 기준이라는 사실을 드러내기 때문이다. 따라서 법은 우리를 규범들에 대한 불이행으로 이끌 뿐이다. 다시 말해 그런 인위적 규범은 결국 이사야나 예수 그리스도가 비판했던 전통과, 하나님의 의지와 대립하는 인간의 의지에 대한 표현 이외의 다른 것이 아니다. 그러나, 결과적으로 하나님이 수용하시면서 법은 유용한 가치를 지닌다. 역사의 종말에 하나님은 이 법의 진정성을 인정하시며, 어떤 의미에서 하나님의 정의가 지배하는 절대적인 효과 안에 이 법을 포함시킨다. 결국 시대의 종말에는 거룩한 것*zedakah*와 인간적인 것*mischpath* 사이에 구별이 없다. 그때는 예언된 정의, 즉 모든 정의를 통합하는 유일무이한 하나의 정의가 지배한다. 그렇다면, '의에 주리고 목마른' 자들에게 했던 약속이 어떤 정의에 해당하는지 새삼 질문하는 것은 어리석을 뿐이다. 이 약속은 명백히 종말론적이기 때문이다. 내재하는 정의이든, 사회적이거나 법률적 정의이든, 또는 그 외의 어떤 것이든 그것은 '하나의' 진정한 정의를 추구했던 모든 사람들에게 주어지는 약속이다. 결국 이 정의는 하나님의 정의에 통합되며, 기원이 아니라 은혜에 따른 것이기 때문에 하나님의 정의와 분리될 수 없다. 그 은혜는 최후의 심판에서 하나님이 인간의 정의를 '그의' 정의에 연합시키는 은혜로서, 예수 그리스도 안에 있는 모든 정의를 완수하는 것과 다르지 않기 때문에 사실은 우리가 이미 알고 있는 은혜다.

*　*　*

우리는 방금 진정한 정의에 대해서 말했다. 법의 이중적 특성에 대해서 우리가 말했던 것은 결국 이 법에 대한 하나님의 심판이 있다는 사실을 밝히는 것이다. 법의 양면성을 하나님은 이미 아신다. 모든 공적들이 불길을 지나가게 하듯 하나님은 법 안에서 나라들의 존귀하고 영광스러운 가치와 그 외의 다른 것들을 분리한다. 따라서, 하나님이 인정하시는 법은 우리가 알고있는 모든 법이 아니다. 그것은 인류의 역사가 진행되는 동안에 유용성을 인정받고, 언젠가 하나님이 수용하실 법이다. 하나님만이 그 법을 분별할 수 있으며, 우리를 위해서 일시적으로 결합된 법의 양면을 하나님만이 분리시킬 수 있다. 죄에서 벗어나서 임의로 사용할 수 있는 최종적인 판단기준이 우리에게 없기 때문이다. 사실상 우리의 법에서 하나님이 과연 무엇을 지키시는지 우리는 전혀 알 수 없다. 현재의 법과 제도에서 역사가 무엇을 남길지 알 수 없다는 사실을 떠올리면, 우리는 우리의 근본적인 무지를 인정하지 않을 수 없다. 어쨌든, 인간적인 범주에 속하는 역사적인 사실들 조차 분명히 판단할 수 없는 우리가 어떻게 하나님의 뜻을 미리 측량할 수 있는가? 창조된 피조물로서 우리가 하나님의 자리에 설 수 없다. 이것은 깊이 있게 법을 연구해야 하는 우리의 입장에서 결코 부인할 수 없는 한계이다.

이제 우리는 출발점으로서 언약과 도착점으로서 심판 사이에 존재하는 관계들에 대해서 알아야 한다. 시간의 한계 안에서 살고있는 우리의 제한된 지성으로 인해서 이 관계들을 지속적인 개념으로 생각할 수 밖에 없다. 그러나 언약과 심판 사이의 관계는 영원하며, 둘다 하나님의 정의 자체에 존재한다. 하나님의 마지막 심판은 본질상 언약과 같은 것이지만, 심판은 역사의 마지막 사건인 동시에 새로운 아이온66)의 실체로 나타난다. 반면에, 언약은 하나님이 인간의 몸 안에 세운 것으로 상대적이며 외부에 드러나지 않는 표현이다.

우리는 언약 안에서 보았던 것과 같은 요소들을 새로운 아이온의 출현 안에서 필연적으로 다시 발견한다. 이를테면 심판, 은혜, 회복, 예수 그리스도 안에서 하나님의 주권등과 같은 요소들이다. 그것들은 더 이상 왜곡되거나 피할 수 없는 심판과, 마침내 가려지지 않고 모든 것을 빛 가운데로 인도하는 은혜와, 일반적이고 보편적인 회복과, 세상의 어떤 것도 맞설 수 없는 절대 주권에 관한 것이다. 결론적으로 우리는 거기에서 예수 그리스도 안에서 분명해지고, 완성되며, 우리와 맺어지는 마지막 언약과 만난다. 그 언약은 이전의 언약들과 새로운 아이온의 출현 사이에 존재하는 새로운 관계이며, 예수 그리스도 안에서 완성되기 때문에 소망 안에서 유용한 동시에 실제로 실현되는 실체이다.

이것을 좀더 자세하게 전개하는 것이 낫겠지만, 우리의 연구목적을 위해서는 이 정도로 충분하다. 지금 우리는 부분적이며 우발적인 인간의 실천으로서 법이 차지하는 위치와, 세상의 종말에 비로서 실현되는 언약의 위치에 대해서 살펴보고 있다. 결론적으로, 법의 기원에 자리잡은 모든 것은 유일하게 '종말의 실현' 안에서 가치를 지니며, 법은 언약과의 연관성으로 인해서 '종말의 실현'과 필연적인 관계가 있다.

따라서 법은 반드시 예수 그리스도 안에 세워지며, 법의 가치와 행동 반경은 절대적으로 '그' 안에 제한돼야 한다.

---

66) 역주: 아이온(Aion):세상을 움직이는 영구불변의 힘.

3. 법의 합목적성(1)

1) 법의 표현

그렇다면 법 앞에서 인간의 위치는 무엇인가? 지금까지 말했던 바에 따르면, 우리는 법에 대해서 영원히 가치있는 것과 버려야 할 것 사이의 명백한 구별을 시도할 수 없다. 구별의 정당한 기준이 없기 때문이며, 명백한 구별은 심판이 있을 때 가능하기 때문이다. 따라서 우리는 섣불리 법의 가치를 판단하려 들지 말고, 존재하는 그대로 법의 총체성을 인정해야 한다. 지금 존재하는 법들은, 어쨌든, 하나님에 의해서 사용을 인정받았기 때문이다. 물론 모든 법이 정당해서가 아니라 하나님이 인정하시기 때문이다. 그러나, 우리가 법을 인정하더라도 법 자체를 절대적인 것처럼 무턱대고 맹종할 수 없으며, 법적으로 존재하는 것을 마치 정의에 전적으로 부합한 것인양 허투루 받아들일 수 없다. 때로는 법이 정의와 대립한다는 사실을 우리는 분명히 알고 있다. 우리가 복종하는 현재의 법에는 당연히 불의한 면이 있으며, 법의 진정한 가치를 따지면서 사람들은 법 전체를 문제 삼기도 한다. 결국은 인간의 법 전체가 심판을 거쳐야 하기 때문에 법에 대해서 부분적인 타협은 가능하지 않다. 결론적으로 말해서 인간은 모순처럼 보이지만 사실은 모순이 아닌 두 입장 사이에 위치하고 있다. 한편으로, 우리는 법에 대한 무정부주의와 폭력의 지배를 멀리해야 하며, 개인적인 이익을 위한 법의 왜곡을 피해야 하고, 개인이나 집단의 자의적 수락을 경계해야 한다. 다른 한편, 우리는 법에 대해서 점점 엄격하게 요구해야 한다. 즉, 현재의 시점에서는 보다 정확하게 제도들과 인간의 권리를 정의의 틀 안에서 법으로 제정해야 한다. 따라서 어떤 식으로든 우리는 사실로 존재하는 법이나 법이 만든 상황을 완전한 규범으로 단정할 수 없다. 그리스도인은 양면성을 지닌 상황에 처해있기 때문에 그에게 주어진 특별한 역할은 법에 대해서 본성적인 인간의 가치있는 요구들을 인정하고, 그것을 법 안에서 받아들이는 것이다. 그러나 법이 완전히 외적인 힘의 산물이 되지 않기 위해서 강요나 압박에 떠밀리지 않아야 한다. 인간의 요구 안에서 법이 정당하고 의로운 것이 되려면 무엇보다 법은 다른 사람을 해치지 않아야 한다. 법의 분야에서 이런 입장, 또는 보다 정확하게 표현해서 그리스도인의 행동동기를 좀더 명확하게 하는 것이 필요하다.

앞에서 우리가 윤곽을 그리고자 시도했던 법에 대한 종말론적 관점은 법의 이런 상황이 인간적 기준 안에 새겨져있다고 생각하게 만든다. 법이 역사와 더불어 멈추지 않으면서 역사의 일부가 되기 때문이다. 또한 법이 역사와 더불어 멈추지 않기 때문에 법은 과정이 아니라 어떤 종말에 복종한다. 법은 분명히 어떤 종말을 지향하는 방향성을 지니고 있으며, 기원에서부터 시작하는 자유로운 발전에 무턱대고 방임되지 않는다. 언약과 심판의 관점에서 정당한 것은 역사적 관점에서도 정당하다. 법은 세상에서 분명히 합목적성을 지니고 있다. 즉, 법의 합목적성이 바로 그리스도인이 행동하면서 반드시 따라야 하는 정의의 두 번째 요소이며, 그것은 어떤 규범의 실행이거나 목적의 근사치에 관한 것이 아니다. 다시 말해 그것은 어떤 종말의 실현에 관한 것이며, 기원에서부터 법을 정돈하는 어떤 기능의 실현에 관한 것이다. 물론, 법이 하나님의 왕국을 세상으로 부르는 실제적인 수단이라는 섣부른 생각은 지체없이 버려야 한다. 더 이상 심층적인 질문에 들어갈 필요없이 우리는 다음과 같이 말하면서 간단하게 그에 대해 대답할 수 있을 것이다.

즉, 우리는 하나님 왕국의 도래가 세상의 법에 의한 것이 아니라 세상의 모든 피조물에 대한 전적인 변화가 뒤따르는 마지막 날에 하나님의 심판의 역사가 세상에 나타나면서 왕국이 도래한다고 우리는 믿고 있다. 인간의 법은 어떤 식으로든 새로운 아이온의 출현을 준비할 수도, 유인할 수도 없다. 그럼에도 불구하고 법은 결코 무시할 수 없는 역할을 지닌다. 그것은 종말론적 효과에 따라서 결정되는 역할로서, 우리가 지금 말하는 법의 합목적성이다. 우리는 법의 표현과 법의 의미작용이라는 두 가지 양상으로 법의 합목적성을 검토해야 한다.67)

*　*　*

"하나님은 공의와 정의가 세상을 지배하기 위해서 인간에게 법을 주었다"라고 간단히 말하는 것에 만족하지 않는다. 이런 주장은 분명히 법에 대해서 말하고 있지만, 법의 실체를 파악하는데 결코 충분하지 않기 때문이다. 사실상 계시 안에 있는 어떤 것도 그것을 보장하지 않는다. 어떤 원리에 근거했던 경험이 있는 사람들, 즉 우리가 그리스도인이라고 부르는 사람들은 그들의 다양한 생각들을 통해서 우리가 원하는 모든 것들을 공의 안에서 법의 보호 아래에 둘 수 있다고 밝혔지만, 그것은 기록된 계시를 참고하지 않을 때나 가능한 주장이다.

지금까지 우리는 하나님이 인간의 법에 부여한 목적을 살펴보았다. 하나님은 언약 안에서 인간과 더불어 계약을 맺기 위해서 인간의 권리

---

67) 수많은 법학자들에 의해서 법의 합목적성은 인간적인 질서 안에서 인정된다. 그들에게 법의 합목적성은 사회를 조직하기 위해서 법이 도달해야 하는 목적 안에서 설명된다.

를 인정한다. 달리 말해서, 인간은 어떤 범주 안에서 하나님과 대면할 수 있기 위해서 권리를 부여받는다. 그리고, 우리가 보았던 것처럼 하나님은 인간의 권리를 매우 구체적으로 인정한다. 만약에 하나님이 생명을 보장하기 위해서 인간에게 주신 권리가 없다면 인간은 어떤 경우에든 하나님과 만날 수 없다는 것이 성경의 명백한 가르침이다. 하나님이 보장한 이 생명으로 말미암아 인간은 하나님과 언약을 맺을 수 있으며, 인간에게 주시는 하나님의 말씀을 들을 수 있다. 그렇지 않다고 주장하는 것은 이상주의에 속할 뿐이다. 그런데 성경은 이상주의자가 아니다!

여기에서 우리는 법의 합목적성과 연관된 첫 번째 계획과 만난다. 우리가 세상의 법에 대해서 말할 때 주의해야 한다. 즉, 인간은 법에 편입되면서 하나님이 주신 언약의 말씀을 듣고, 그 말씀에 대답하게 하기 위해서 필요한 모든 권리를 누린다는 의미로 이해해야 한다. 만약에 하나님이 주신 언약의 말씀이 무의미해지는 상황으로 인간을 내몬다면, 결국 법은 하나님이 인정하신 인간의 권리를 배제하는 것이며, 그로 인해 법은 고유한 가치를 잃는다. 법의 가장 소중한 내용인 인간의 권리를 부정하면서 법은 더 이상 진정한 의미를 지니지 못하기 때문이다. 분명히 말해서 법은 인간의 추상적인 권리뿐 아니라 매우 구체적인 권리, 다시 말해 양심의 자유같은 인간의 내면적 삶에 관한 것 뿐 아니라 인간의 총체성에 관한 자유를 인정하라고 요구한다. 이를테면, 언약은 아브라함과 맺어진 구원의 언약일 뿐 아니라 아담과 노아와 함께 맺은 보존의 언약이다. 두 언약은 예수 그리스도 안에서, 다시 말해 "그로 말미암아, 그 안에서, 그를 위해서 만물이 존재하는" 예수 그리스도 안에서고전8:6, 68) 모두 실현되었다. '그로 밀미암아, 그 안에서, 그를 위하여'라는 세 가지 수식어는 우리에게 언약의 의미를 밝혀주기에 부족함이 없다. 만약 법에 합목적성이 없다면 법이 그 자체로 존재할 수 없는 이유가 바로 이 언약 때문이다. 이처럼 언약은 출발점일 뿐 아니라, 법률적인 용어로 말하자면 '연장 계약'이다. 언약은 단번에 끝나는 일회성이 아니라, 효과가 반복해서 지속되면서 세상의 종말까지 이어지는 연속 계약이다. 하나님께 대답하기 위해서 인간에게 반드시 필요한 권리는 복음서에 전해진 인간의 상황에 관한 것일 뿐 아니라, 아주 간단히 말해서, 세상에서 살도록 부름받은 인간의 생명에 관한 것이다. 우리는 언약들 안에서 매번 반복되는 생명의 요구에 따르기만 하면 된다. 하나님과 언약을 맺는다는 것은 무엇보다 우리가 살기 위한 것이며, 동시에 생명을 보존하겠다고 하나님 앞에서 약속하는 것이다. 종종 우리는 여기에서 세상을 보존하는 일반적인 법칙을 도출한다. 그런 판단은 부분적으로 옳지만, 우리가 곧 볼 수 있는 것처럼 그것은 사실상 세상의 보존 이전에 인간에 관한 것이다. 그렇다면, 인간의 법이 인간을 생명의 유지가 불가능한 상황에 가두는 것은 법의 목적에 반대하는 것이다. 따라서 법은, "네가 살기를 원하고, 살게 하기를 원하느냐?"라는 질문을 받은 사람의 경우처럼, 이 경우에 긍정으로 대답할 수 있어야 한다. 강제로 '그렇습니다'라고 대답하라는 말이 아니며, 저절로 살 수 있다는 말도 아니다. 간단히 말해서 그 말은, 인간의 법이 만든 사회·경제·정치적인 존재조건들이 어떤 경우에도 인간을 죽음으로 몰아넣을 수 없다는 것이다.

---

68) 역주: 개역개정에는, "…예수 그리스도께서 계시니 만물이 그로 말미암고 우리도 그로 말미암았느니라"로 번역되었다.

우리는 방금 '법이 만든…' 이라고 말했다. 이 말은 법이 자신의 독립적인 특성을 정치와 경제에 부여한다는 뜻이다. 때로는 이같은 사회·경제적인 조건들에 정보를 제공하기 위해서, 때로는 사회·경제적으로 존재하는 것이 인간에게 해악을 끼친다면 그것을 억제하기 위해서 반드시 규범적일 수 밖에 없기 때문에, 법은 어떤 경우에도 사회조건의 단순한 표현에 그치지 않는다. 또한 법은 자체가 지니는 합목적성 때문에 경제적인 조건보다 항상 우월하다.

법이 만든 상황으로 말미암아 인간을 절망으로, 저항으로, 존재와 계승의 거부로 이끌 때 우리가 어떻게 행동해야 하는지 알고 있다.

인간의 권리에 대해서 우리는 어렵잖게 결론을 내릴 수 있다. 즉, 인간의 권리는 무엇보다 세상을 보전하기 위해서 하나님과 계약을 맺는다는 뚜렷한 목적이 있다. 달리 표현해서, 우리가 이미 보았던 것처럼 인간이 계약의 약정조건들을 지킨다면 하나님은 세상을 보호하신다. 물론 세상을 유지시키는 것은 인간의 행동에 따른 것이 아니다. 인간은 그럴만한 자격을 얻기 위해서 사실상 아무 것도 하지 않았지만, 이런 조건들을 이행하면서 인간은 어김없이 하나님의 은혜와 만난다. 따라서 완전한 법은 인간의 생명을 보존하는 사명이 있을 뿐 아니라, 하나님에 의해서 사회가 바르게 유지될 수 있도록 사회를 조직해야 하는 사명이 있다. 여기에서 우리는 지금까지 말했던 것들에 필적할 만한 짝을 발견할 수 있다. 즉, 언약을 위해서 권리가 인간에게 주어졌던 것과 마찬가지로 세상은 심판을 위해서 유지된다. "이제 하늘과 땅은 그 동일한 말씀으로 불사르기 위하여 보호하신 바 되어 경건하지 아니한 사람들의 심판과 멸망의 날까지 보존하여 두신 것이니라."^{벧후3:7} 여기에서 우리는 세상을 보존하기 사명으로서 법의 두 번째 계획과 만나며, 그것

또한 법의 합목적성에 속한다.

"심판하기 위해서 세상을 보존한다"는 말은 도대체 무엇을 의미하는가? 이 말은 '어떤' 하나님, 이를테면 보다 가혹하게 세상을 심판하기 위해서 일부러 고통을 주면서 생명을 연명시키는 잔인한 하나님과 전혀 상관이 없다. 심판은 세상의 내부에서 말씀의 선포로 이루어진다. 날선 검처럼 예리하게 세상을 절단하는 것, 다시 말해 세상을 심판하는 것은 말씀이다.^{히4:12} 그렇다면 세상에 오랫동안 고통을 주기 위해서가 아니라, 이처럼 말씀이 선포되고 예수 그리스도 안에 있는 구원이 속속들이 전파되기 위해서 세상이 보존되는 것이다. 하나님은 가능한한 오랫동안 기회를 주신다는 것은 이미 잘 알려져있다.

그렇다면, 법의 관점에서 그것이 과연 무엇을 의미하는지 생각해보자. 우리가 이미 보았던 것처럼 법은 세상에서 언약을 드러내고, 결론적으로 심판을 기다리면서 세상을 보존하기 위해서 사회를 조직해야 하는 사명이 있다. 따라서 법의 목적은 간단히 정리된다. 법은 무엇보다 심판에 연관되고, 심판에 복종하는 것으로 이해돼야 한다. 실제로, 법의 쇠락은 법의 '절대화'와 더불어 일어난다는 지적은 매우 정확하다. 법이 그 자체에 목적이 있다고 생각하면서 법을 통해서 모든 인간을 구원하고 사회의 안정된 조직을 보장하려는 '법의 절대화'에서부터 법의 퇴화가 시작된다. 법과 더불어 종말이 없는 어떤 사회를 생각하는 것, 복음의 전파를 통해서 '지금 여기에서'*hic et nunc* 실현되는 하나님의 정당한 심판과 다른 종말로 어떤 사회를 생각하는 것은 법을 통한 사탄의 유혹일 뿐이다. 그런데 여기에서 우리는 한 가지 사실을 주목해야 한다. 심판이 아니라 인간의 행복을 위해서, 또는 생산이나 권력을 위해서, 또는 영광이나 부요를 위해서, 한 마디로 말해서 세상의 모든 것을 이루기 위해서 법이 사회를 조직하는 순간 사실상 법은 세상을 보존하려는 기능을 포기하는 것이다. 하나님은 '오직' 심판을 위해서 세상을 보존하시기 때문에 법이 자신에게 주어진 사명을 완수하지 못하는 때부터 법은 사회의 갈등과 혼란과 죽음의 요소가 된다.

그러나 "말씀의 선포를 통해서 심판이 실현되기 위해서 법이 존재한다"라고 말한다면, 그 말은 결국 법은 도덕적 내용뿐 아니라 종교적 내용도 가지고 있지 않다는 말과 다르지 않다. 그렇다면 법은 조직과 심판의 요소일 뿐(우리는 합목적성에 비춰서 법의 실용적인 특성을 다시 발견한다), 정신적이거나 내면적인 지시 요소가 아니기 때문에 우리는 구원의 문제들을 해결하기 위해서 법의 규범들에 의존해서 앞으로 나아가지 못한다. 법은 필연적으로 세속적이다. 하나님이 말씀하실 때 일어나는 영적인 사건에 대한 어떤 구체적인 범주를 발견하기위해서 법이 존재하기 때문이다. 말씀을 법적인 형식으로 해석하거나 미이라로만들기 위해서 법이 존재하는 것이 아니다. 이같은 세속주의는 법에 의해서 조직된 사회가 개방된 사회라는 것을 시사한다. 다시 말해 세속적인 사회가 바로 심판이 영적·물리적으로 일어날 수 있는 사회라는 것을 의미한다. 사실상 이것이 우리가 법으로부터 요구할 수 있는 전부다. 즉, 우리는 법에 대해서 말씀에 대한 지식을 담아야 한다고 요구할 수 없을 뿐 아니라, 말씀을 전파하기에 유리한 조건들을 준비하라고 요구할 수도 없다. 다만, 사회의 보존과 개방을 위한 방향으로, 다시 말해 발전과 변화의 가능성이 있는 사회를 구성하는 방향으로 법이 나아가야 한다고 요구할 수 있을 뿐이다. 모든 사회를 일방적으로 체계화하면서, 저스티안이나 나폴레온처럼 "이제 법은 멈췄다"라고 말하는 입법자는 지나치게 순진할 뿐 진정한 입법자가 아니다. 이와 마찬가지로, "내가 황금시대를 창조했다. 내가 만든 세상에서 사람들은 더 이상의 어떤 필요도, 요구도 있을 수 없다"라고 주장하는 입법자는, 거짓말쟁이에 불과하다. 설령 그의 입법이 실제로 완벽하더라도, 아니, 오히려 그의 입법이 완벽하다면 더욱 그렇다!

＊　＊　＊

'공공의 질서', '안전', '경찰' 처럼 질서를 연상시키는 일정한 용어들을 생각하지 않으면서 법을 상상하기가 결코 쉽지 않다. 우리 모두는 법과 질서는 크든작든 서로 깊은 연관이 있다고 확신하며, 이것은 부분적으로 옳은 생각이다. 부분적으로 옳다는 말은, 그런 주장을 하면서 사람들은 섣불리 법이 질서를 창조한다고 생각하기 때문이다. 질서는 매우 단순한 방식으로 존재한다. 경찰이 도로를 점거하면서 소요를 막을 때, 사회제도가 안정돼서 더 이상 변하지 않을 때69) 우리는 언뜻 질서를 떠올린다. 법을 통해서 인간의 다양한 요구들 · 열정들 · 필요들과 사회의 안정 · 안전 · 구성 사이에서 보다 지적인 방식으로 균형을 형식화할 때 우리는 질서를 생각한다. 또는, 생산수단과 분배조건 사이에서 법제화를 통한 균형을 이루고자할 때도 우리는 질서를 떠올린다. 이처럼 어떤 면에서 우리는 법을 질서의 창조자로 생각하고, 법은 자신이 만든 질서를 존중하게 하는 힘을 지니고 있다고 생각한다. 로마의 질서나 나폴레옹의 부르주와 법전은 질서를 세우는 법 안에 나타나는 주도권의 표현 이외의 다른 것이 아니다. 어떤 이상주의를 도입한다 해도 우리는 이런 질서가 사실상 지배계급의 이익을 위한 것 이외의 다른 목

---

69) 얼마나 많은 경우에 질서를 유지의 동의어로 인식하는가!

적에 근거한다고 말할 수 없다. 그들은 사회적으로 자신들에게 유리한 상황을 고착시키는 도구로 법을 이용하며, 우리는 그것을 종종 질서라고 부른다. 인간의 관점에서 보면 법의 역사는 그와 달리 설명되지 않는다. 이것이 바로 우리가 법은 그 자체에 가치를 지니고 있지 않을 뿐 아니라, 법이 질서를 정당화할 수도 없다고 주장하는 뚜렷한 이유다. 분명히 말해서 질서는 '정지된' 도구이기 때문이다. 우리는 질서에 대해서 정적인 개념으로 고려해야 하며, 질서를 결코 진리라고 말할 수 없다. 무니에Mounier가 말했던 것처럼, 법에 의한 질서는 진정한 질서가 아니라 사실은 '고정된 무질서'일 뿐이다.

질서는 법의 피조물이 아니라 사실은 그와 반대이다. 질서가 먼저 존재하고 법이 그것을 형식화한다. 그러나 여기에서 우리는 지금까지 보였던 숱한 혼돈을 경계해야 한다. 하나님에 의해서 우리에게 계시된 질서는 무엇인가? 엄밀히 말해서 하나님이 창조한 제도들 외에 다른 것이 있을 수 없다. 우리는 본성이나 이성에서 어떤 질서를 찾을 수 있는 가능성이 전혀 없으며, 질서를 통해서 법의 가치를 만들 수도 없다.70) 또한 이성적인 추론이나 신학적인 정립을 통해서 우리가 깨닫지 못하는 계시의 결함을 채울 수도 없다. 하나님이 질서를 창조했고, 사람은 생존을 위해서 하나님이 창조한 질서 안에 자리잡는다. 질서를 이루는 요소들이 모두 법적인 것이 아니지만,71) 질서를 이루는 요소들은 하나님 앞에서 한결같이 동일한 속성을 지닌다. 즉, 그것들은 창조된 세상을 섬기기 위한 피조물들이다. 법적인 분야 안에 우리는 제도들을 소유하며, 앞에서 우리가 특성에 대해서 이미 말했던 것처럼 제도는 결국

---

70) 우리는 법의 중심점이 정의라는 것을 보았다.
71) 예를 들면 생리적인 법칙, 우주의 운행법칙들이 있다.

하나님에 의해서 창조된 것이다. 그것 외에 어떤 질서도 존재하지 않는다. 다시 말해, 존재하는 것들과 우리가 만드는 것들을 같은 위치에 둘 수 없다. 하나님이 창조한 제도들과 법적인 형식들72) 사이에는 과학 분야에서 법칙과 가정의 차이만큼 큰 차이가 있다.

우리는 이런 질서에서 어떤 특성을 발견할 수 있는가? 무엇보다 그것은 단편적이다. 하나님이 창조하시고 그에 의해서 계시된 제도들은 그 자체만으로 법을 제정하기에 충분하지 않다. 인간의 법적인 제정과 적용 사이에는 무시할 수 없는 간격이 있다. 이 제도들은 사회의 질서가 세워지는 받침점 이외의 다른 것이 아니다. 그리고 이 질서는 '본질적'이다. 하나님은 사회에 적용하기에 충분한 법적 형식들을 우리에게 주시지 않았을 뿐 아니라, 우리가 따라야 하는 모형을 주신 것도 아니다. 하나님은 우리의 질서를 위한 것이 아니라 '그의' 질서 안에 포함되고 그를 위한 어떤 질서를 위해서 지속적인 요소들을 계시한다. 보다 정확히 말하면, 그것은 인간의 구원을 위해서 하나님이 계속하시는 역사에 속하는 질서이다.

물론, 성서를 보면 하나님은 어떤 확실한 형식으로 우리에게 질서의 요소들을 계시한다. 우리는 거기에서 질서의 실체를 파악할 수 있으며, 우리가 앞에서 보았던 것처럼 그것은 다름아닌, 이 형식을 통해서 드러나는 그리스도중심적인 질서다. 그리고, 법적인 모든 질서에 필요한 제도들처럼 우리가 마땅히 지켜야 하는 요소들이다. 인간이 이 질서를 지킬 때에 한해서 인간의 법은 비로서 유용한 법이 될 수 있다. 그것의 역할은 이런 제도들에 현재의 형식을 부여하고, 하나님이 원했던 제도들

---

72) 경우에 따라서는 이것들도 제도라고 부른다.

사이에 존재하는 공백, 다시 말해 특정한 한 사회에 나타나는 구체적인 공백을 채우는 것이다. 예를 들면 소유권은 인간과 사물 사이의 관계로부터 하나님이 세우신 방식이며, 이 소유권은 그리스도중심적인 의미를 지니고 있다. 따라서 그것은 은혜의 신호인 동시에, 다른 한편으로는 상속과 연관된 하나의 제도이다. 그러나 개인, 가족, 집단의 소유권에 대해서 말할 때, 또는 어떤 사회에서 소유권의 특별한 양식에 대해서 말할 때 구체적인 내용들은 우리에게 분명히 설명되지 않는다. 예를 들면, 소유권의 양도나 법적 대표권에 대해서는 전혀 설명이 없다. 그럼에도 불구하고 소유권은 하나의 제도이며, 하나님에 의해서 창조되었다는 사실은 소유권의 사용과, 범위와, 지속과, 소유의 독점에 있어서 명백한 제한이 있다는 사실을 전제한다. 달리 표현하면, 질서가 유지되기 위해서 소유권의 형식은 두 가지 요소들에 의해서 결정돼야 한다. 즉, 소유권은 하나님의 피조물이라는 사실과 더불어 정치·사회·경제적 상황에 따른다는 사실이다.

결론적으로 제도들은 법에 비해서 유기적이다. 제도들을 사용하지 않고 방치하거나, 부적절한 형식으로 제도들을 무용지물로 만든다면 법은 제대로 기능을 수행하지 못한다. 그때 법은 혼돈에 빠지고, 그런 상태에서 법은 더 이상 종말론적 목적에 부응하지 않는다. 법이 질서의 창조자가 되기 원하든 질서를 마비시키기 원하든, 법적 형식과 질서 자체를 혼동하든 아니든 상관없이 법은 사실상 무효가 된다. 하나님이 창조한 제도들이 없다면 법은 핵심적인 수단을 잃는 것이며, 더 이상 사회적 요구에 부응하지 못한다.

이같은 질서의 개념은 세상의 구성 안에 어떤 지속성, 이른바 하나님이 세상에서 원했던 지속성이 필요하다는 의미를 일깨운다. 나아가 질서는 정적인 상태에 머물 수 없으며 그와 반대로 피조물의 필요에 부응하기 위해서 끊임없이 변화해야 한다는 것을 의미한다.

질서의 의미를 종말에 비춰서 생각해보면 이것은 더욱 분명하게 밝혀진다. 즉, 이 제도들은 결국 창조부터 재림까지 이어지는 지속적인 요소이다. 우리가 말했던 것처럼 세상의 질서가 완전히 파괴된 적이 있었으며, 그때 유일한 출구는 죽음뿐이었다. 제도들은 창조의 질서를 형성했고, 그리스도중심적인 제도의 특성이 이를 말해준다. 하나님은 아담의 생명과 그의 생명을 지키기 위해서 필요한 것을 제시했다. 이 생명을 유지하기 위한 새로운 기준은 아담의 죄 이전에 있었던 생명과 질서의 기준과 공통점이 없다. 어쨌든 피조물 가운데 생명이 남았으며, 그것은 우리에게 끊임없이 어떤 가치를 상기시킨다. 생명을 위한 이런 조건들도 동일한 가치를 지니고 있다. 제도들은 하나님에 의해서 보존된 질서의 일부가 되며, 생명을 보호하기 위해서 그것들은 생명의 조건 안에서 지속성을 지닌 신호처럼 존재한다. 또한, 제도들이 세상에 속하는 것과 마찬가지로73) 천상의 예루살렘에도 존재하지만,74) 기껏해야 그것들은 우리에게 지표일 뿐이다. 그렇다면 이 제도들은 세상에서 질서를 이루는 본질적인 요소들이기 때문에 우리는 질서가 지속성을 지니면서 끊임없이 변화한다고 생각한다. 또한 세상의 제도들이 질서의 지속성을 지니기 때문에 질서에 지속성이 있다고 말한다. 그리고, 지속성을 유지하면서 질서가 그리스도의 재림을 향하여 끊임없이 다가가기 때문에 제도의 변화를 요구한다. 재림은 그리스도가 자신의 강림과 죽

---

73) 그러나, 우리는 그것의 결정적인 형식은 알지 못한다.
74) 그러나, 천상의 예루살렘에서 제도가 존재하는 방식에 대해서 우리는 전혀 알 수 없다.

음을 통해서 제도들에게 부과했던 의미를 필연적으로 완수하는 세상의
종말이다. 따라서 세상의 제도들은 단순히 생명의 물리적인 조건들을
초월하는 심층적인 의미를 담고 있다.75)

* * *

우리에게 마지막 문제가 남아있다. 인간의 권리는 끊임없이 왜곡되
며, 제도들은 쉴새없이 해체되고 오염된다. 법은 그 자체로 충분하지
않을 뿐 아니라, 때로는 무질서를 야기하기도 한다. 따라서, 인간의 권
리와 제도들을 둘러싸고 반드시 제기되는 논쟁이 있으며, 그 논쟁은 결
국 심판에 의해서 결론지을 수 있다. 여기에서 심판이라는 단어를 법률
적인 의미에서 해석하면 안된다. 우리가 말하고자 하는 심판은 법정에
서 사용하는 재판의 개념이 아니다. 그것은 우리가 이미 만났던 로마
서의 텍스트롬2:14가 말하는 논쟁에 기인한다. 인간은 제도가 취하는 현
재의 형식으로, 그리고 인간이 선택한 어떤 법의 인정과 거부를 통해
서 재판한다. 뿐만 아니라, 법의 구체적인 형식에 대한 관찰과, 논쟁에
서 이긴 어떤 사람에 의해서 '좋은' 법으로 인정된 결론에 따라 재판한
다. 그렇다면 재판은 주로 어떤 법의 이성적인 확인이며, 질서의 수립
이나 회복을 위한 것이다. 인간의 재판에 대해서 우리는 결코 법 안에
내재하는 정의의 실행이라고 말하지 않는다. 다만, 우리가 보았던 정의
에 대한 실용적인 형식의 실천이라고 말할 수 있다. 덧붙여, 하나님이
우리에게 주신 법의 요소들을 적용하면서 재판이 이루어진다. 이것은

---

75) 이 질서는 일부 법률가들이 안전의 개념으로 이해하는 질서와 근본적으로 다르다.
또한 어떤 법률가들이 법의 중추적 요소로 생각하는 질서의 개념과도 분명히 다르
다. 이런 사람들은 대부분 미국의 '전능 이론'과 깊은 관계가 있다. 그들은 안전을
국가에 의해서 획득되는 것으로 이해한다. 그들이 주장하는 형식적인 질서에 우리
의 제도적 질서가 대립한다.

인간의 특별한 작업으로, 하나님이 인간에게 부여했던 기능이 있다는 것을 제대로 깨닫지도 못한 채 인간은 작업을 수행한다. 동시에 이것은 인간의 존재 자체가 이끌지 않았다면 결코 수행할 수 없는 특별한 작업이다.

하나님이 사회적인 관계 안에서 인간을 지키기 때문에 인간은 사회에서 절대로 분리되지 않는다는 사실에서 우리는 판단의 정당성에 대한 출발점을 찾는다. 재판이라는 다만 실용적인 활동 안에서도 인간은 일할 때와 같은 방식으로 하나님께 복종한다. 인간은 먹고 살기 위해서 일해야 한다. 마찬가지로 인간은 다른 사람들과의 관계가 폭력과 갈등의 관계가 되지 않기 위해서, 다시 말해 더불어 함께 살기 위해서 법에 따라 판단해야 한다. 인간은 하나님이 그에게 제시한 상황으로부터 판단을 시작한다. 하나님이 가인에게 제시했던 신호에 따라서, 그리고 가인을 죽이려는 사람들에게 맞서서 그의 생명을 지킬 수 있게 제시했던 신호에 따라서 판단해야 한다. "가인을 죽이는 자는 벌을 칠 배나 받으리라:"창4:15 이처럼 가인은 '일곱 배의 보상'을 통해서 보호받는 것이다. 결국 가인과 더불어 가인과 관계가 있는 모든 사람들은 하나님이 주신 보호로부터 그들의 관계에 대해서 판단해야 한다. 물론 진정한 의미에서 이것은 법이 아니며, 가인이 어떤 행동을 해도 된다는 절대적인 면책특권도 아니다. 단지 이것은 사람들과의 관계에서 제시된 실제적인 조건들 가운데 하나일 뿐이다. 노아의 언약에서도 상황은 정확히 일치한다. 피를 흘리게 만든 사람에게 똑같이 피를 요구한다는 언약의 조항에 따라서 사람들은 서로에 대해서 보호받는다. 이것은 인간의 의지 밖에서 일어나는 내재적인 정의의 개념을 멀찍이 앞서며, 사형제도의 명분에서 벗어난 정의의 개념을 인정하지 않는 것이다. 분명히 이것은 법의 다른 모든 요소들과 마찬가지로 종말론적 관점에서 이해돼야 한다. 여기에서 우리가 발견하는 중요한 지침이 있다. 즉, 어떤 사람에 대해서 판단할 때 우리는 그와 다른 사람들과의 관계에서 비롯되는 구체적인 상황에 대해서 먼저 판단해야 하는 필요성이다. 더불어, 어떤 사람에 의해서 질서가 침해되었다면 질서를 다시 세워야 하는 필요성이다.

판단은 두 가지 특성을 나타낸다. 먼저, 판단은 무엇보다 인간을 법과 사회와 질서의 논쟁에 참여시킨다. 인간의 재판은 사실상 어떤 경우에도 추상적이거나 객관적인 판단일 수 없다. 판단하는 사람은 어떤 식으로든 인간의 법적 상황에 참여하며, 어떤 경우에도 상황과 무관할 수 없다. 인간은 어떤 제도에 찬성하거나 반대하며, 인간의 법에 대해서도 찬성하거나 반대한다. 나아가 인간은 하나님에 대해서도 찬반의 의사를 분명히 표시한다. 물론 그 판단은 죄인으로서 인간의 판단에서 벗어날 수 없을 것이다. 결론적으로 그의 판단이 정확하게 맞았을 때, 그가 하나님의 정의를 알고 구원을 받았다는 의미가 아니다. 다만 그 사람이 세상의 보존에 관한 일에 참여하고, 죄인으로서 할 수 있는 일을 하고 있다는 의미일 뿐이다. 사실상 여기에는 구원의 의미가 없지만, 그렇다고 하나님 앞에서 의미가 없지 않다. 우리가 이미 보았던 로마서 2장 14절이 이를 설명한다. "율법없는 이방인이 본성으로 율법의 일을 행할 때에는 이 사람은 율법이 없어도 자기가 자기에게 율법이 되느니라." 이처럼 인간은 자신의 판단에 의해서 행동한다. 다시 말해, 우리가 앞에서 이미 보았던 것처럼 인간은 자신이 판단하는 것과 다르게 행동하지 않는다. 하나님에 대해서 찬성하거나 또는 반대하지 않는 사람이 없다는 말의 의미를 분명히 알아야 한다. 그것은 결론적으로 사람들과의 관계에 대해서 어떤 판단을 내리지 않거나, 어떤 식으로든 참여하지 않는 사람은 없다는 말인 동시에 인간은 자신의 판단을 통해서 하나님의 뜻에 찬반의 의사를 표명한다는 것이다!

인간의 법에 따른 재판은 사실상 모든 것을 공유하는 판단이다.76) 왜냐하면, 그것은 관습, 사법적 재판, 조합, 혁명, 언론, 선거등을 포함하면서 놀랄 만큼 다양한 형식들을 담고있기 때문이다. 정치적·법적인 이런저런 형식들보다 훨씬 많은 것들을 문제삼으며, 때로는 완전한 법의 질서에 맞선 인간의 태도를 문제삼기도 한다.

두 번째 특징은 인간의 재판이 완전한 법의 질서와 깊은 관계가 있을 때, 그리고 법의 동화기능을 완수할 때 비로서 진정한 재판이 될 수 있다는 것이다. 이 말은 결국, 인간의 재판은 개인적인 이익이나 호감, 열정에 종속될 수 없다는 것을 의미한다. 그런 경우에 재판은 무질서를 부추기고 법의 정신을 파괴하며, 또한 그 순간에 재판은 인간의 어떤 법들을 부인하거나, 어떤 제도들을 헛되게 만든다. 재판관의 의무에 대해서 기록한 다음과 같은 본문들이 이런 문제에 분명히 대답하는 것이다. 즉, "너희는 재판할 때에 불의를 행하지 말며 가난한 자의 편을 들지 말며 세력있는 자라고 두둔하지 말고 공의로 사람을 재판하라." 레19:15 "재판은 하나님께 속한 것인즉 너희는 재판할 때에 외모를 보지 말고 귀천을 차별 없이 듣고 사람의 낯을 두려워하지 말라…" 신1:17

여기에서 특히 주목할 만한 것이 있다. 두 번째 본문은 배타적으로 재판관들에게 해당되는 반면에 첫 번째 본문은 모든 백성들에게 적용

---

76) 하나님의 심판이 하나님의 정의의 출발점인 것과 정확히 일치한다

되는 하나님의 명령이라는 사실이다. 이와 병행해서 잠언의 텍스트가 있다. "악인을 두둔하는 것과 재판할 때에 의인을 억울하게 하는 것이 선하지 아니하니라"(잠18:5). 재판에 관한 이런 텍스트들과 마찬가지로 다른 본문들도 재판관은 법에 따라 차별없이 재판해야 한다고 가르친다. 그러나 이것들은 따로 분리되서 이해될 수 없으며, 정의와 법에 대해서 성경이 가르치는 일반적인 배경 안에서 의미를 파악해야 한다. 지금 말한 성경의 텍스트들은, 인간의 상황 안에서 법적인 관점으로 고려해야 하는 것은 인간의 개인적인 힘이나 가난이 아니라 무엇보다 '그 사람의' 법77)이 되어야 한다는 것을 의미한다. 하나님이 그에게 주신 법은 구체적인 법적 상황에서 그가 옳다고 인정하는 법이다. 그의 법은 그의 외모와 다르다. 여기에서 우리는 신명기 1장 17절의 본문을 인용한 예수 그리스도의 해석과 만난다. 상황을 고려해야 하는 재판관의 법적 의무에 관련된 텍스트를 예수 그리스도는 자신에게 적용하면서, 요한복음 안에서 그 내용을 다시 옮긴다. "외모로 판단하지 말고 공의로 판단하라"요7:24 이것은 법에 관한 예수 그리스도의 모든 문장들 안에 포함되며, 안식일에 대한 교훈으로 요약될 수 있다. "안식일이 사람을 위하여 있는 것이요 사람이 안식일을 위해 있는 것이 아니니 이러므로 인자는 안식일에도 주인이니라."막2:27 인간이 재판할 때 이처럼 외적인 질서를 넘어서 반드시 인정해야 하는 어떤 질서가 존재한다. 그리고, 그 질서를 인정할 때 비로서 그의 재판은 진정한 재판이 된다.

그런데, 이 재판은 매우 중요한 가치를 지니고 있다. 법의 실제적인

____

77) 역주: 여기에서 저자가 말하는 법(droit)은 본래 'droit'라는 단어의 의미가 그렇듯 법, 또는 권리의 개념으로 혼용해서 사용한다. 따라서 독자는 'loi'(law)의 법률 또는 율법의 의미와 구별해야 한다.

형식이 재판에 종속되고, 성서에 명시된 법의 종말론적 가치가 재판을 통해서 수행되기 때문이다. "칼을 가지는 자는 다 칼로 망하느니라."마26:52 이 말씀은 마태복음 26장 52절과 더불어 우리에게 종말론적 의미를 제시하는 요한계시록 13장 10절에 두 번 기록되었다. "칼에 죽을 자는 마땅히 칼에 죽을 것이다."계13:10 두 문장은 정확히 한 쌍을 이룬다.

처음 텍스트에서는 예수 그리스도가 체포당한 자신을 구하기 위해서 칼의 사용을 거부한다. 무슨 이유인가? "성서에 이렇게 되리라고 기록된 것들이 어떻게 이루어지겠느냐?" 여기에서 예수 그리스도는 말씀을 이루는 것으로 자신의 뜻을 규정한다. 그에게 성서는 죽은 율법*Thora*이 아니라, 하나님의 의지 자체이기 때문이다. 우리는 이처럼 정의는 의지의 실천이라는 것을 보았다. 여기에서 예수 그리스도가 정죄하는 것은 정의를 가로막는 칼의 사용이다. 이렇게 말하면서 마침내 예수 그리스도는 정의로운 심판의 유형을 분명히 보여주었다. 칼의 사용은 '절대 정의', 즉 하나님의 심판에 반대하는 것이다.

칼의 사용에 대한 두 번째 텍스트는 심연무저갱의 짐승에 관한 것이다. 절대적인 불의의 권력을 지닌 짐승은 하나님을 모욕하며, 의인에 맞서 전쟁을 일으킨다. 그는 세상에서 자의적인 권세를 행사하며 세상으로부터 부당하게 경배를 받는다. 따라서 그는 온갖 방법으로 불의를 저지르며 불의를 위해서 제멋대로 칼을 휘두른다. 짐승은 어떤 심판의 형식도 구체적으로 드러내지 않은 채, 자신이 쥐고있는 공중권세를 사용할 뿐이다. 신성모독으로 정의를 대신하며, 자유의지를 남용하며 칼의 사용을 부추긴다. 정치와 법의 영역에서 무저갱의 짐승이 나타내는 권력의 정신은 결국 심판과 반대되는 것이다.

그러나, 칼의 사용이 그 자체로 정죄되는 것은 아니다. 이 말의 의미를 이해하기 위해서는 로마서 13장 4절을 읽는 것으로 충분하다. "… 그는 하나님의 사역자가 되어 네게 선을 베푸는 자니라. (…) 그가 공연히 칼을 가지지 아니하였으니 곧 하나님의 사역자가 되어 악을 행하는 자에게 진노하심을 따라 보응하는 자니라." 여기에서 칼의 사용은 잠재적인 심판에 복종하는 것이다. 결국 "…칼로 죽으리라"는 말의 진정한 의미는 성도의 신앙과 인내의 고통스러운 과정에 대한 무서운 경고다. "사로잡힐 자는 사로 잡힐 것이요 칼에 죽을 자는 마땅히 칼에 죽을 것이니 성도들의 믿음과 인내가 여기에 있느니라."^{계13:10} 그렇다면, 잠재적인 심판은 예수 그리스도 안에서 재림과 더불어 모든 것들의 회복에 대한 소망과 절대적인 관계가 있다. 우리가 방금 인용했던 두 텍스트가 밝히는 것과 같이 칼의 사용은 이처럼 칼이 정의를 방해하고 권력주의의 도구로서 하나의 위협이 될 수 있는 부정적 의미와 동시에, 종말론적 관점에서 법의 분야에 있는 모든 가치를 심판에 부여하는 긍정적 의미를 인정하기도 한다. 다시 말해, 칼의 사용이 일방적으로 정죄되지 않는 이유는 심판이 있기 때문이다. 반면에 심판의 범주에서 벗어난다면 어떤 명분이든 칼의 사용은 세상을 보존하려는 하나님의 의지에 반하는 것이다. 따라서, 칼이 상징하는 권력의 사용을 인정하는 것은 '사망의 권세'에 해당될 뿐이다. 그러나 동시에 이것이 법에 가치와 권위를 부여하는 근거가 된다. 즉, 자의적인 무력의 사용은 분명히 사망에 이르지만, 어떤 때에 법은 하나님 앞에서 무력의 사용을 허락한다. 무력의 의미를 변형시키기 위해서 법이 반드시 하나님의 정의에 일치할 필요는 없다. 우리는 이 심판이 무엇인지 알고 있으며, 그것의 상대적이며 우발적이고 실용적인 특성에 대해서도 알고 있다. 따라서 우

리는 인간의 정의에 해당하는 이 심판이 경우에 따라서 틀리다는 것도
알고 있다. 그럼에도 불구하고 인간의 정의가 자유의지나 권력주의와
대립하기 때문에 그것으로 충분하다. 또한, 인간의 정의가 부당하고 때
로는 오류가 있다 해도, 그것은 어떤 규범에 복종하고 주어진 한계를
받아들이는 인간의 의지를 증거한다. 그리고, 인간의 정의는 자신을 법
의 시작이자 마지막으로 여기지 않는 인간의 의지를 증거하기 때문에
그것으로 충분하다.

결론적으로 이 심판은 세상의 마지막 날에 모든 법들과 더불어 하나
님에 의해서 수용되기 때문에 가치로운 것이다.78)

---

78) 우리가 법의 합목적성이라고 부른 것은 법률가들이 일반적으로 말하는 그것과 근
본적으로 다르다. 그들에게 법의 합목적성은 법의 최종목적으로서 개인과 사회 사
이에서 누가 더 우월한지 아는 것에 관한 문제일 뿐이다. "법적 규범의 최종 목적"
이 바로 그것이다. 루비에(Roubier)의 인용 도서 p.230과, 법의 합목적성의 개념을 알
기 위해서는 p.184-242를 보라.

4. 법의 합목적성(2)

1) 법의 의미

법의 합목적성, 즉 하나님이 법에 부여한 목적은 법의 역할에 대해서 우리가 말했던 것에 의해서 사라지지 않는다. 법은 여전히 하나의 의미를 담고 있다. 이른바 그것은 무엇을 의미하기 '위해서' 존재한다.

법의 제정과 더불어 심판한다는 사실은 무엇보다 인간이 반드시 수용해야 하는 경고다. 또한 그것은 인간에게 제시된 질문이며 정의에 대한 질문 자체이다. 자신의 법적인 역할을 진지하게 생각하는 사람은 이런 질문을 피할 수 없는 동시에 분명하게 대답할 수도 없다. 사람이 결코 채울 수 없는 이 공백은 그에 대한 해결이 하나님에게 속한다는 명백한 증거이다. 법 안에는 부인할 수 없는 하나님의 역사가 있기 때문에 인간은 절대로 사람들의 대답에 만족할 수 없다. 그리고 예수 그리스도가 오신 뒤부터 이런 경고는 모든 사람들에게 재판관의 의미가 있다. "너희가 재판하는 것이 사람을 위하여 할 것인지 여호와를 위하여 할 것인지 잘 살피라. 너희가 재판할 때에 여호와께서 너희와 함께 하심이니라."대하19:6 이 말은 하나님이 모든 재판에 간섭하신다는 뜻이 아니다. 그와 반대로, "잘 살피라…"는 동사가 시사하듯이 재판에 관한 전적인 책임은 사람에게 돌아간다. 그러나, 이 말은 정의에 관한 모든 행위와 동시에 법에 관한 모든 행위에 하나님의 임재를 의미한다. 그와 더불어, 정의에 관한 어떤 행위도 법의 영역 안에서 자신의 가치와 효과를 잃지 않은 채 법은 신학적인 중요성을 지닌다는 것을 의미한다. 오랫동안 외곽으로 벗어나 있었지만, 이제는 법이 하나님을 지향하기 때문에 우리는 정당한 이유로 법을 중심에 두는 것이다.

　인간이 법을 적용할 때, 법은 하나님 앞에서 인간에게 자신의 고유한 책임을 끊임없이 상기시키게 된다. 하나님의 영역에 있는 어떤 권력정의을 움직이게 하고, 하나님에게 속하는 역할재판관의 역할을 맡고, 하나님에게 속하는 행위심판를 하기 때문이다. 그러나 지혜와 성령에 의하지 않거나왕상3:28, 세상의 어떤 법들보다 우월한 하나님의 법을 따르지 않고신4:8, 세상 사람들에게 그렇다고 인정받지 못한다면에7:25 이것들 가운데 사실상 어떤 것도 제대로 수행할 수 없다. 그러나, 인간에게 제시되는 한 가지 질문이 남아있다. 인간은 사실상 알아볼 수 있는 것 이상의 것을 실행할 수 없다. 따라서, 하나님의 정의를 완성할 수 있는 모든 지식을 지니신 예수 그리스도의 계시를 통해서 우리는 진정한 정의를 알고 실천할 수 있을 뿐이다. 그럼에도 불구하고 법이 그 안에 기능과 원리와 목적을 지닌 폐쇄적인 체계가 아니라는 명백한 사실 때문에 법의 사명은 매우 중요하다. 법은 처음의 기원과 나중의 목적 사이에 항상 열려있다. 그 사이의 괄호 안에 포함돼서 법은 인간 사회의 한 가운데에서 하나님의 증인이 되어야 한다.

＊　＊　＊

　우리는 더 멀리 나가야 한다. 법은 그 안에 단순한 하나님의 임재 이상의 것을 의미하며, 인간의 법은 하나님의 정의에 대한 또다른 예언이다.사56:1 비록 결함이 있을망정 법은 하나님의 정의에 대해서 세 가지 본질적인 진실을 우리에게 상기시킨다.
　첫째는, 인간의 정의로 세상을 통치한다는 것이다. 정당한 재판이 있을 때마다 하나님의 정의라는 절대 정의가 세상에 개입한다는 명백한 신호가 세상에 전해지는 것이다. 이는, 회복이 있을 때마다 용서가 세상에 개입한다는 것과 정확히 일치한다. 물론 이것은 보기 위해서 눈이 있고 듣기 위해서 귀가 있는 육신의 인간을 위한 물리적인 신호가 아니며, 사람들을 개종시키거나 하나님의 전능을 뚜렷히 표출시키기에 충분하지도 않다. 그러나, 자신의 능력으로는 타락하고 죄인일 수 밖에 없는 인간이 그 상태에 영원히 머물지 않고, 하나님이 그를 인도하셔서 살게 하신다는 분명한 증거가 된다. 나아가, 예수 그리스도가 사탄의 권세를 물리쳤다는 증거이다. 왜냐하면, 하나님의 정의가 인간의 재판을 통해서 세상에 나타나기 때문이다. 이처럼, 정의로운 모든 법률과 심판은 사실상 세상에서 예수 그리스도가 승리했다는 승전보를 알리는 것이다. 그럼에도 불구하고 예수 그리스도의 승리는 여전히 가려져 있거나, 법과 같은 사실들을 통해서 산발적으로 그리고 가까스로 드러날 뿐이다. 언젠가 예수 그리스도의 승전가가 온 세상을 진동시킬 것이다. 그러나 그전에, 법은 '지금 여기에서도' 예수 그리스도의 승리를 전하는 신호로 우리에게 주어졌다. 우리는 법 안에 있는 심판의 중요한 의미를 알고 있다. 또한, 성서가 '마지막 심판'에 대해서 말할 때 우리가 거기에서 듣는 것은 결국 모든 심판의 종료이자 종말이라는 것을 우리는 알고 있다.

그러나, 심판으로 가는 길은 일방통행이 아니다. 하나님의 심판을 향하여 나아가는 길은 단지 인간의 재판들만 있는 것이 아니다. 그렇지만 하나님의 정의가 품고있는 가치와 능력이 인간의 재판에 반영된다는 것은 분명한 사실이다. 달리 말해서, 모든 재판은 하나님의 절대적인 심판의 실재와 도래를 세상에 전한다. 모든 판결, 모든 선택, 그리고 법적인 모든 선택은 심판의 푯말과 같아서 모든 피조물들을 정의로운 길로 인도한다. 이것이 바로 재판관의 중요한 역할이다. 이런 관점에서 본다면 법관이 재판할 때 그는 선지자가 되는 것이다. 그는 하나님의 정의의 현실적인 존재와 심판의 도래를 예언한다. 이것이 또한 그의 막중한 책임이다. 재판관은 예수 그리스도의 죽음의 의미를 전했던 가야바처럼,요11:47-48 종종 예언자의 역할을 담당하기 때문이다. "한 사람이 백성을 위하여 죽어서 온 민족이 망하지 않게 하는 것이 너희에게 유익한 줄을 생각하지 아니하는도다."

마지막으로, 하나님의 정의와 관련해서 법이 전하는 세 번째 진실이 있으며, 이 정의는 상대적이라는 것이다. 성경의 본문들은 종종 재판관의 의무를 상기시킨다. 우리는 이미 그에 관한 텍스트들 가운데 일부를 만났다. 재판관의 의무는 매우 단순하며, 그것의 언표言表는 일반적인 정의의 규범들을 크게 앞서지 않는다. 우리가 보았던 것처럼, 그것은 다만 인간의 법만을 고려한다. 다른 한편, 우리는 그것이 하나님에 의해서 계시되었고, 예수 그리스도에 관한 것이라는 사실을 잊지 말아야 한다. 실제로 이에 관한 모든 텍스트들이 재판관의 공정성을 강조한다. 그런데 그 공정성은 '하나님에 의해서 요구되기 때문에' 법전들에 의해서 요구되는 것보다 훨씬 중요하다. 그것은 사실상 하나님의 심판이 지니는 공정성을 우리에게 구체적으로 전하는 것이다. 우리는 거기에서 어떤 음성을 들어야 하는가? 하나님은 차별없이 심판하실 것이라는 음성인가? 절대로 아니다! 공정성의 진정한 의미는 하나님이 심판하실 때 그 사람의 선과 악을 고려하시는 것이 아니라, 그의 법을 고려하신다는 것이다. 그렇다면 인간의 법은 어디에 있는가? 인간은 자기 힘으로 어떤 법도 가질 수 없으며, 자신에게 법과 정의를 전해준 자로부터 부여받을 수 있을 뿐이다. 다시 말해 인간은 예수 그리스도로부터 자신의 법을 부여받는다. 따라서 하나님 앞에서 인간의 법은 예수 그리스도이며, 그는 "하나님으로부터 나와서 우리에게 지혜와 의로움과 거룩함과 구원함이 되셨다."고전1:30 이를테면, 하나님의 정의의 공정성이라는 말은 재판을 하면서 사람이 아니라 예수 그리스도를 생각하는 것이다. 어떤 재판관이 진지하게 인간의 법을 참고할 때마다, 그리고 공정하게 재판할 때마다 하나님의 심판이 지니는 공정성에 대한 좋은 소식이 세상에 전해지는 것이다.

＊　＊　＊

그러나, 성경의 텍스트들은 우리에게 법의 또다른 기능을 상기시킨다. "너는 아침마다 정의롭게 판결하여 탈취 당한 자를 압박자의 손에서 건지라."렘21:12 "너희가 불공평한 판단을 하며 악인의 낯 보기를 언제까지 하려느냐. 가난한 자와 고아를 위하여 판단하며 곤란한 자와 빈궁한 자에게 공의를 베풀지며 가난한 자와 궁핍한 자를 구원하여 악인들의 손에서 건질지니라."시82:2-4 "… 너희는 진실한 재판을 행하며 서로 인애와 긍휼을 베풀며 과부와 고아와 나그네와 궁핍한 자를 압제하지 말며 서로 해하려고 마음에 도모하지 말라…"슥7:8-9 더 많은 예문들을 제시할 수 있지만, 이처럼 다양한 텍스트들이 사람들의 법이 하나님의 정의의 표현으로 존재한다는 것을 밝히고 있다. 그리고, 정의의 표현으로서 법은 가난한 사람의 권리를 인정하는 것이다. 그렇다면 진정한 정의는 가난한 사람들을 억압으로부터 해방시키는 것이며, 그들을 인간의 상황 안에서 회복시키는 것이다. 따라서 공정성 안에서도 법은 준엄한 심판의 도구이거나 법적 규범들의 단순한 조합, 또는 질서와 정형성의 완벽한 기술이 아닐 것이다. 이를테면 법은 긍휼과 분리될 수 없다. 법은 그 자체가 하나님의 은혜이며, 따라서 법은 하나님의 은혜를 드러내는 사명을 부여받는다. 법에는 약한 자를 위한 보호가 있고, 가난한 자를 위한 구원이 있다. 이것이 법의 전반을 이루기 때문에 만약에 이것이 없다면 법은 의미가 없다. 그 안에서 진정한 정의는 법을 통해서 예수 그리스도 안에 있는 구원을 세상에 전하는 것이다.

그러나 법적인 영역에서 계시가 우리에게 반드시 밝혀주는 정의와 긍휼의 관계는 또다른 의미를 지니고 있다. 재판의 심층적인 의미를 파악하기 위해서 우리에게 주어진 매우 유용한 지표로서, 사람은 언제나 이 영역 안에서 판단해야 한다는 것을 일깨운다. 다시 말해, 우리가 이미 보았던 것처럼 재판은 외모를 보는 것이 아니다. 여기에서 우리는 법에 관한 결론적인 개념을 발견한다. 즉, 재판은 긍휼에서 영감을 받아야 한다. 법을 구상하면서 우리는 사실의 피상적인 확인이나 외모의 단순한 관찰에 머물 수 없다. 또한, 법률적인 규범들이나 원칙들의 기계적인 조합에 만족해서도 안된다. 법적인 원칙들에서 출발한 법의 증식과, 사회의 부수적인 질문에 대해서 일방적인 기준에 따라 법률을 적용하는 것은 그릇된 재판의 증거이다. 잘못된 재판은 법을 무용지물로 만든다. 다시 말하지만 재판은 긍휼에서 영감을 받아야 한다. 물론, 이것은 감정에 따라서 재판하라는 말이 결코 아니며, 정의의 구체적인 기준들을 무시하라는 말도 아니다. 나아가, 죄인들을 무턱대고 용서하라는 말도 아니다. 만약에 그렇다면 법의 사명을 망각하는 것에 지나지 않는다. 재판이 긍휼에 영감을 받아야 한다는 말은 사람들을 있는 그대로 바라보고, 그들이 실제로 처한 상황을 고려해서 판단해야 한다는 뜻이다. 그들이 '불쌍한' 사람들이라는 사실을 잊지 말아야 한다. 불행한

자와 힘없는 자의 약점을 이용하는 재판을 하지 않는 동시에, 그들의
처지를 부인하면서 그들의 약점에 무관심한 재판도 하지 말아야 한다.

그것은, 법이 해결하지 않을 수 없는 진정한 문제들에 대해서 충분하
고 심각하게 고려해야 한다는 것을 의미한다. 긍휼은 어떤 시점에 사람
들의 관계에 의해서 형성된 문제들에 대해서 실질적이고 진정한 해결
책을 찾는 수단이다. 거짓된 법의 전형을 들면, 19세기에 사업주와 노
동자들의 관계를 다뤘던 법이 있었다. 언제나 악법은 반사적으로 또다
른 악법을 만든다. 예컨대, 노사관계서 발생하는 문제들을 해결한다는
명분으로 오늘날 제정한 법도 본질상 크게 다르지 않다. 근본적인 이유
는, 문제들을 진실하게 바라보려고 하지 않았기 때문이다. 법은 이같
은 심판의 특성을 통해서 세부적인 조항들이 아니라 결정적인 질문들
에 대해서 언제나 새롭게 맞서야 한다. 그리고 결정적인 질문들에 대해
서 법은 문제를 회피하지 않고 정당한 답변을 제시할 수 있어야 한다.
이것이 바로 법을 구상하면서 긍휼이 표출되는 과정이며, 긍휼과 함께
우리는 인간을 선택과 판단으로 인도하는 여러 요소들 가운데 하나와
만난다. 그 밖의 다른 요소는 우리가 나중에 연구할 효율성과 유용성에
대한 개념이다.

＊　＊　＊

법의 이같은 소명은 결국 법의 보편성을 전제한다. 우리는 다음과 같
은 질문을 망각할 수 없기 때문이다. "어떻게 이 법이 사람들의 법이 될
수 있을까? 이 법이 완전한 법에 종속된다면, 그리고 완전한 법이 계시
된다면 결과적으로 이 법은 하나님이 자신을 계시한 사람들에게만 알

려져야 하지 않을까?"

이 질문은 사실상 두 가지 요소들에 관한 것이다. 우리가 밝히고자 시도했던 것처럼, 인간의 법은 그들에게 알려지고 적용되는 법이다. 이 법은 대부분의 경우에 인간 자신이 구성하기 때문에 이에 대해서 문제가 있을 수 없다. 더불어 우리는 법이 어떻게 권위와 가치를 부여받는지, 그리고 법이 어떻게 하나님 앞에서 가치가 있는지 알고 있다. 따라서 세상의 법을 인간의 단순한 창작인 것처럼 가벼이 대할 수 없다는 주장에 반론이 없다. 이것은 에스겔이 예루살렘을 고발하는 텍스트에서 뚜렷히 드러난다. "그가 내 규례를 거슬러서 이방인보다 악을 더 행하며 내 율례도 그리함이 그를 둘러싸고 있는 나라들보다 더하니 이는 그들이 내 규례를 버리고 내 율례를 행하지 아니하였음이니라. 그러므로 나 주 여호와가 말하노라. 너희 요란함이 너희를 둘러싸고 있는 이방인들보다 더하여 내 율례를 행하지 아니하며 내 규례를 지키지 아니하고 너희를 둘러 있는 이방인들의 규례대로도 행하지 아니하였느니라. 그러므로 나 주 여호와가 말하노라. 나 곧 내가 너를 치며 이방인의 목전에서 너에게 벌을 내리되 네 모든 가증한 일로 말미암아 내가 전무후무하게 네게 내릴지라…."겔5:6-12 이 텍스트를 자세히 읽어보면 예루살렘은 하나님의 율법을 어겼기 때문에 벌을 받았을 뿐 아니라, 다른 나라들의 법을 따르지 않았기 정죄된 것이다. 물론 성경적인 관점에서 이방인의 법률은 율법보다 열등하지만, 그것 또한 예루살렘이 따라야 하는 유효한 법이다. 예루살렘에게 이방인을 절대로 모방하지 말라고 명령했던 성경의 텍스트들을 떠올리면 이 문장은 특별한 의미가 있다. 어쨌든, 인간의 법은 이처럼 유효하지만, 에스겔의 예언은 인간의 법과 달리 하나님의 법은 '보편적'이라는 사실을 우리에게 전하는 것이다. 이것은 결론적으로 말해서 세상의 모든 나라들은 '완전한 법'에 반드시 복종해야 한다는 의미를 함축한다. 이것이 질문의 두 번째 요소다. 하나님은 모든 백성들을 심판하시기 때문에 하나님의 법은 결국 모든 백성들에게 적용된다.79) 인간의 법을 유효하게 만드는 재판은 결국 하나님의 법을 보편적으로 만드는 것이다. 이는 법에 의거해서 재판하기 때문이며, 재판을 통해서 하나님의 심판이 나타나기 때문이다. 이사야가 두로23장와 바빌론24장의 무서운 심판에 대해서 말하는 텍스트에 담긴 내용이 그렇다. 즉, 이사야는 그들의 뿌리깊은 불순종과 무질서에 대해서 하나님의 가차없는 심판을 예언한다. 이 심판은 종뿐 아니라 주인에게도, 사는 사람뿐 아니라 파는 사람에게도, 빌린 사람뿐 아니라 빌려 주는 사람에게도, 채무자뿐 아니라 채권자에게도 동일하게 적용되는 심판으로, 백성들이 완전한 법 자체를 존중하지 않았다는 사실에서 비롯된다. "그들이 하나님의 율례를 어기고, 규례를 범하고, 영원한 언약을 파기했기 때문에 이 나라는 주민들에 의해서 타락했다."이사야 5장 히브리어 원어는 이것이 하나님의 율법에 관한 것임을 암시한다. 물론 이것은 인간의 법과 관련이 있는 완전한 법에 관한 것임에 틀림없다. 그러나, 이 법은 예수 그리스도가 세상을 심판하고 정의를 실현하기 위해서 세상에 다시 오실 때 전적으로, 그리고 절대적으로 '그렇게' 되리라고 예수 그리스도 안에 계시된 인간의 법이다. 그때 완전한 법은 모든 나라들에 의해서 '그렇게' 받아들여질 것이며, 인간의 법을 위한 구상은 더 이상 없을 것이다. 왜냐하면, 그때 인간의 법은 하나님에 의해서 모두 심판받는 동시에 수용되기 때문이다.

---

79) 비세르 후프(Visser't Hooft)의 인용 도서 83쪽

5장. 법, 국가, 교회

1. 법과 국가

이제 우리는 자연법만큼 오래된 질문과 만난다. "법은 국가보다 우월한가, 또는 국가는 법의 기준인가?"80)라는 질문이다. 이에 대해서 스콜라 철학자들 사이에서 끝없는 논쟁이 있었지만, 로마법을 둘러싼 법학자들의 논쟁을 다룬 '법률에 대해서' *de legibus*에서 수아레즈Suarez의 섬세한 분석을 통해서 그들의 논쟁은 결론이 났다. 즉, 오늘날 국가가 임의대로 법을 다루거나 개정하는 국가의 '전능주의'에 의해서 사실상 해결된 문제처럼 보인다. 사실이 그렇다면, 여기에 더 이상 정의의 개념이 발붙일 자리가 없다.81) 결국, 인간의 법은 정의와 상관없이 다만 국가의 권력에 종속할 뿐이기 때문이다. 우리가 더욱 심각하게 생각하는 것은, 칼 바르트K. Barth에 의해서 이같은 국가의 전제적인 태도가 마치 정당한 것처럼 인정받았다는 사실이다. 물론 명시적으로 드러내지는 않았지만, "국가가 정의의 척도 자체이며, 법의 조정자"라는 그의

---

80) 루비에르의 인용도서 42-62쪽

81) 이런 태도는 'Allgemeine Staatslebre'에서 켈센(Kelsen)에 의해서 정당화되었다. 그에게는 법의 기원이나 목적이 무엇이든 상관없이 국가의 억제력이 곧 법이다. 따라서 우리는 그의 이론을 통해서 법과 관련된 계시와 반대되는 명제와 만나는 것이다. 이것이 사실상 파시스트의 주장이라는 것에 주목해야 한다. "보편적인 도덕의 의지로서 국가는 법의 창조자다"(무솔리니, 'Encyclopedia Italiana')

주장에서 우리는 충분히 결론을 추론할 수 있다.

  그러나 성경의 가르침은 이 점에 대해서 매우 단호하다. 즉, 역의 명제로서 국가는 법에 전적으로 종속된다는 것이다. 두 가지 이유에서 그렇다. 무엇보다 국가는 법의 창조자가 아니기 때문이다. 법은 국가와 독립적으로 존재하며, 하나님의 정의와 직접적인 관계를 맺고 있다. 인간의 법은 결코 인간의 기준에 일치하거나, 국가로부터 권위를 부여받은 이성의 산물이 아니다. 만약 국가가 법에 우선한다면 법은 전적으로 이성의 산물이 돼야 한다. 법에 대한 국가의 우월성을 강조하는 이런 주장이 사실상 법의 현대적 개념이다. 다시 말해, 국가는 집단 이성에 복종하기 때문에 이성에 근거해서 자신이 원하는 법을 만들 수 있다. 법 또한 이성에 종속되기 때문이다. 만약에 법이 다른 근원에 종속되고 다른 규범에 복종한다면, 국가는 법에 대한 자신의 권위를 모두 상실한다. 그때 법은 국가로부터 어떤 것도 얻을 수 없다. 국가와 마찬가지로 법도 이성이 아니라 하나님으로부터 권위를 인정받을 수 있을 뿐이다. 그렇다면, 법과 국가 사이에는 상대적 우월성을 주장할 만한 근거가 전혀 없다. 더욱이 국가가 정신적인 권위의 신호인 것처럼단지 신호인 것만은 아니다, 인간의 법은 하나님의 정의를 나타내는 신호다. 결과적으로 국가와 법 사이에 분명히 수평관계가 성립되지만, 이를 파악하기 위해서는 국가에 대해서 보다 심층적인 연구가 필요하기 때문에 여기에서 모두 밝힐 수는 없다. 어쨌든, 성경적 관점에서 볼 때 이 영역에서 법에 대한 국가의 우월성이 존재하지 않는다는 것만큼은 분명하다.

  성서는 그와 반대로 국가가 법에 종속한다고 가르친다. 보다 정확히 말하자면, 국가는 법에 의해서 형성되며, '법을 위해서' 창조되었다.

솔로몬은 법과 정의에 의거해서 나라를 다스리는 왕이다.^{대하9:8} "하나님이 당신을 세워 그들의 왕으로 삼아 정의와 공의를 행하게 하셨도다." 하나님이 그에게 왕권을 주면서 원하는 목적은 국가에 대한 법과 정의의 지배다. 국가는 법이 있을 때 비로서 존재한다. 또한, 하나님의 정의가 있기 때문에 권위가 있는 것이다. 이것은 바울이 말했던 것과 정확히 일치한다.^{롬13:4} 재판관과 법의 권위는 '선'을 위한 하나님의 종이다. 따라서 선과 악을 결정짓는 것이 국가가 아니라, 그와 반대로 선과 악이 국가의 행위를 결정짓는다. 법을 타락시킨 이스라엘의 왕들과 국가의 지도자들을 비난하면서 성서의 모든 선지자들이 우리에게 말하고자 했던 내용이 바로 이것이다. 그들은 법 위에 군림하면서 법이 없어도 잘 살 수 있다고 주장하며 제멋대로 법을 판단했기 때문에 정죄받은 것이다. 무엇이 선인지 말할 수 있는 정당한 기준은 국가가 아니라 법이다. 이것은 로마서 13장 4절을 읽어보면 반론의 여지없이 명백해진다. 여기에서 바울은 '선'에 대해서 말하면서 그것이 도덕적, 정신적인 의미가 아니라 의로운 법에 복종하는 것이라고 주장한다. 법에 복종하면서 인간은 실제로 선을 실천할 수 있을 뿐 아니라, 법은 세상을 보존하는 행위에 관여하기 때문에 결코 소홀히 대할 수 없다. 바울의 주장을 더욱 확실히 하는 것은 복종의 문제를 다룬 일련의 텍스트다. 거기에서 바울은 우리가 두려움 때문에 복종하는 것이 아니라 양심의 동기 때문에 복종하는 것이라고 밝힌다. 이런 복종은 국가의 질서에 우선적으로 부응하는 것이 아니라, 시민 생활에서 선의 기준이 되는 법을 따르는 것이다. 어쨌든 국가는 양심에 따른 악과 죄성을 처벌할 수 없다. 국가에서 문제가 되는 악은 법률에 대한 불복종이다.

이처럼 법이 국가에 어떤 의미와 존재이유, 그리고 목적을 부여하기 때문에 국가가 법의 주인이 아니라 법의 종이다. 그렇다면, 국가의 역할은 정확히 무엇인가?

＊　＊　＊

우리는 계시를 통해서 우리에게 반드시 필요한 것으로 주어지지 않았지만, 우리 시대에 큰 의미를 지니기 때문에 결코 간과할 수 없는 국가의 중요한 역할과 만난다. 이른바, 국가는 법을 표현한다는 것이다. 오늘날 우리는 국가가 법을 창조한 것처럼 생각한다. 이론적으로는 이것을 받아들이지 않는 것 같지만 상황을 보면 어김없이 사실로 인정하고 있다. 그러나 우리는 국가가 이런 역할을 맡지 못한다는 것을 이미 보았다. 비록 필연적이지는 않더라도 국가는 법을 표현할 수 있어야 한다. 다시 말해, 법적 요소들이 존재하는 법의 현실 앞에서 국가는 법을 표현할 수 있다. 우리는 여기에서 두 가지 가정을 세울 수 있다.

하나는, 법의 본질을 생각할 때 국가는 사실상 확인 기능을 가지고 있을 뿐이라는 가정이다. 예를 들면 관습법의 경우가 그럴 수 있다. 공동체는 나름대로 법적 관습이 있으며 국민은 이미 익숙해진 관습으로부터 시작해서 서서히 법의 형체를 갖춰 나간다. 이때 국가로서는 어떤 관습들을 법으로 전환하는 것이 옳은지, 그리고 그렇게 전환한 법이 실제로 하나의 법이 될 수 있는지 검증하는데 만족한다. 사실상 국가는 거기에 특별한 것을 덧붙이지 못한다. 엄격히 말해서 우리는 이런 과정이 없어도 별다른 장애를 느끼지 않을 수 있다. 물론 이런 경우는 국가와 법 사이가 완전히 분리된 경우다.

다른 가정은 국가에 재판의 역할이 주어진다는 것이다. 다시 말해, 개인적인 인간이나 집단은 법적인 체계화를 이루기 위해서 자의적으로 판단을 내릴 수 없다. 따라서 우리는 법제화를 위해서 다른 누군가에게 의지한다. 그때 판단을 결정짓게 되는 것은 일반적으로 국가일 것이다. 이 판단들은 가능한 두 가지 방향 안에서 결정된다. 하나는, 단편적인 경우들을 조합해서 법을 구성하는 사법적인 판단이다. 그때 국가는 사법적인 기능을 행사하는데, 이것은 필연적으로 국가와 연관된 기능으로 단정할 수는 없다. 국가는 법의 체계화를 구성하는 일반적인 법적 판단의 기능을 수행하며, 이것은 인간의 권리와 제도들을 인정하는 것부터 시작된다. 국가는 절대로 법의 창조자가 될 수 없지만, 이런 법적 판단들에 대해서 자신의 의견을 분명히 표명할 수 있는 합법적인 기능을 지닌다. 어쨌든 국가의 법적 역할을 규명하는 것은 매우 중요하다. 오늘날 우리가 본질적이라고 생각하는 국가의 법적 역할이 법과 권위에 대한 성서적 개념들에 비춰볼 때 사실은 부수적인 기능으로 나타나기 때문이다.

이와 반대로 국가의 두 가지 다른 법적 사명들은 우리에게 피할 수 없는 것으로 주어진다. 이것은 국가와 법 사이에서 진정한 관계를 형성하는 것으로, 국가는 법을 승인하고 보호한다는 것이다.

먼저 국가는 법을 승인한다. 결과적으로 법의 승인은 언제나 실질적인 권력으로 나타난다. 국가는 검을 쥐고 있으며, 우리는 검의 사용이 어떻게 정당화 되는지 알고 있다. 검을 쥐고있는 국가는 법의 효과를 극대화시키며, 권력에 적응시킨다. 승인이 없다면 법은 절대로 받아들여지지 않으며, 법과 도덕을 본질적으로 구별짓는 기준이 바로 이것이다. 법은 외적 권위로부터 파생되는 승인을 동반한다. 법이 암시적인 규범이나 도덕적 억제력의 상태로 존재하는 한 엄밀히 말해서 그것은 아직까지 법이 아니다. 법은 국가의 승인이 있는 순간부터 비로서 법이 될 수 있다. 심지어 우리는 로마법의 집정관 제도처럼 어떤 유형의 특별한 승인으로부터 전반적인 법 체계가 세워지는 예외적인 경우를 보았다. 따라서 법과 국가 사이에는 이중의 움직임이 있다. 한편에서 국가는 법을 위해서 존재하고, 다른 한편에서 국가가 법에 힘을 부여할 때 실제로 법이 존재한다.

법의 승인과 법의 권위를 절대로 혼동하지 말아야 한다고 주장하면서도 우리는 종종 둘 사이를 혼동했고, 오늘날은 특히 심하다. 법이 인간에 대해서 권위가 있는 것은 국가가 법에 정의의 검을 주었기 때문이 아니다. 법의 진정한 권위는 어떤 법이 완전한 법에 종속한다는 사실에서 비롯되며, 사람들이 그것을 법으로 인정하게 만드는 근거가 바로 완전한 법과의 관계이다. 정의의 검은 법으로 인정한 것을 사람들이 위반할 때 준엄하게 처벌하는 도구일 뿐, 사람들이 인정하지 않는 법을 억지로 인정하도록 강요하는 무기가 아니다. 이 검은 부당한 법을 정당한 법으로 변형할 수 없으며, 법에 속하지 않는 것을 법이 되게 할 수도 없다. 뿐만 아니라 본래 권위가 없는 것을 마치 권위를 부여받은 것처럼 검을 통해서 인간의 의식 속에서 변화시킬 수도 없다. 요컨대 정의의 검은 "악을 행하는 자에게 진노하기 위해서"롬13:4 존재한다.

앞의 것들과 비교해서 결코 덜 중요하지 않은 국가의 마지막 법적 역할이 있다. 그것은 국가는 법의 수호자라는 것이다. 국가는 법과 정의의 준수에 대한 본을 국민들에게 제시해야 한다. 국가는 '자신의 특별한 권위’가 있기 때문에 국가의 불의는 모든 불의들 가운데 가장 심각한 불의가 된다. 이에 대해서 우리는 율법을 위반한 왕들에게 맞선 선지자들의 개입을 상기해야 한다. 나단과 다윗, 엘리야와 아합, 등 국가는 권력이 있기 때문에 국가가 법을 침해할 때 우리는 국가가 법을 무용지물로 만든다고 말할 수 있다. 다시 말해, 국가가 스스로 법의 기준이라고 자처하거나 자신의 의지를 정의인양 혼동할 때 더 이상 법은 존재하지 않는다. 겔28:2 그러나 긍정적인 관점에서 본다면 국가가 법을 유지해야 하기 때문에 국가는 법의 수호자가 된다. 그것은 정의의 검과 승인뿐만 아니라 사회 안에서 연대성을 유지하기 때문에 가능한 일이다. 법은 결국 인간사회의 전반에 걸쳐서 생존에 대한 책임을 맡고 있으며, 가능한 한 최상의 생활조건을 만들기 위해서 일해야 한다. 우리는 오랜 역사를 통해서 이에 관한 법의 중요성을 보았으며, 그것을 다시 되찾아야 한다. 결론적으로 국가는 법의 진정한 특성을 보존해서 자신의 역할을 수행해야 하며, 근본적인 여건들을 살피면서 법의 변화의 필요성에 주의해야 한다. 이것이 국가의 지도자에게 지혜가 필요한 이유이다. 요컨대, 솔로몬에게 주어졌던 지혜는 그를 법의 진정한 수호자로 만들었다.

*　*　*

국가에 대한 논술의 전개는 우리를 두 개의 새로운 질문으로 이끈다. 승인과 관련된 법의 효과와 나라 안에서 법의 수호에 관련된 법의 중요성이 그것이다.

법의 효과는 매우 현실적인 문제다! 19세기에는 법이 현실적일 때 효과가 있다는 생각에 동조했다. 우리는 오늘날 우리가 살고있는 사회에서 법이 전적으로 효과를 잃었다는 사실을 확인한다. 심지어, "법이 정의롭기만 하다면 법의 효과는 별로 중요하지 않다"고 말하는 이상주의자들을 종종 만난다.

그러나 지금까지 우리가 말했던 것에 따르면, 법은 무엇보다 효과를 지녀야 한다는 사실은 분명해 보인다. 다시 말해 법을 통해서 세상에서 질서가 유지되고 인간의 권리를 인정하는 동시에 법이 지니는 분명한 권위를 존중해야 한다. 하나님이 법에 부여하신 목적을 이루지 못한다면 그것은 더 이상 법이 아니다. 그리고, 효과가 없다면 법은 자신에게 주어진 목적을 이룰 수 없다. 국가와 국민, 그리고 법들 사이에 불화와 반목이 있다면 하나님 앞에서 법은 더 이상 중요한 의미를 지니지 못한다. 설령 법이 법적 · 철학적으로 정당한 조건을 갖추고 국가의 요구에 부응한다 하더라도, 법의 효과는 하나님을 위해서 법이 존재하는 중요한 이유들 가운데 하나다. 예를 들면, 화학적 · 생물학적 이론에 부응하지만 정작 효과가 없는 약에 대해서 어떻게 생각할 것인가? 그것은 법의 경우에도 마찬가지다. 우리가 규정했던 정의의 관점에서 생각할 때 효과가 없는 법은 결론적으로 정의롭지 못한 법이라고 말할 수 있다 그러나, 이에 대한 역이 정확히 성립되지 않는다는 사실에 주의해야 한다. 즉, 효과가 있는 법이기 때문에 반드시 정당하다고 말할 수 없다. 효과와 정의 사이에 일치가 없기 때문에 효과가 있다고 반드시 의로운 것이 아니다. 특히, 효과와 정의를 임의대로 일치시키는 순간에 국가의 권력이 함부러 남용될 수 있는 위험이 있다. 다시 말해, 국가는 자신의 정치적 권위로 법의 권위를 대체시킬 수 있으며, 심지어 승인만으로 법을 제정할 수 있다. 실제로 법은 이렇게 유지되기도 했고, 위협에 의해서 마지못해 지켜지기도 했다. 그때 우리는 법의 효과에도 불구하고 사실상 불의한 법과 마주하는 것이다. 따라서 우리는 어떤 방식으로든 법의 효과를 정의의 증거로 제시할 수 없으며, 사회·정치적인 영역에서 성공한 법이라고 말할 수도 없다. 거기에서 우리는 경계가 분명하지만 부정적인 기준과 만날 수 있을 뿐이다.

그렇다면, 효과의 중요성을 어떻게 설명할 수 있을까? 사실상 두 가지 이유에서 법은 영향력을 잃는다.

우선, 정당한 진리들에 반해서 법이 일방적이고 경직된 표현에 머물기 때문이다. 이를테면, '자연법'에 관계된 모든 체계를 고정관념의 틀 안에서 고려하는 경우가 이에 해당한다. 때로는 그것으로 합리적인 법과 본성적인 법을 만들고, 때로는 정의의 '불변하는 원칙들'과 유사한 어떤 법을 만든다. 이를테면 사회 현실을 진지하게 고려하지 않고 외부 요인에 따라서 사회에 강요되거나, 추상적인 생각에 의거해서 사회현실을 규제하려는 법적 체계가 있다. 현실에서 벗어난 이런 법은 현실에 적응하지 못하기 때문에 매우 빠른 속도로 법적인 효력을 상실한다. 이것은 정의에 중심을 둔 법의 개념과 전적으로 대립된다. 진정한 정의는 계시 안에서 우리가 발견했던 하나님의 정의를 말하기 때문이다.

법이 영향력을 잃는 또다른 이유는 앞의 것과 반대의 경우다. 즉, 사회·경제적인 현실을 법의 본질 자체로 받아들이는 경우다. 그런 경우에 법은 현실의 표현 이상의 다른 것이 될 수 없고, 현실의 상황에 따라서 변해야 하며, 실제적인 경향 안에서 법은 현실을 따라가야 한다고 주장한다.82) 그때부터 법은 규범이 되기를 완전히 중단하는 것이다. 계속되는 기술적인 변화를 받아들일 뿐, 설령 기술적인 변화가 부당하더라도 법은 그것들의 방향을 변경하지도 않고 반론을 제기하지도 않는다. 법이 현실을 숨길 수 없다고 생각하기 때문에 현실을 따라야 비로서 영향력을 지닐 수 있다고 섣불리 결론짓는다. 그러나, 이것은 법이 영향력을 잃는 또다른 종류의 표현에 지나지 않는다. 바람직한 방향을 정하지 못한 채 사회 상태를 번역하는 데 만족하는 법이 무슨 소용이 있겠는가. 그때 우리는 지리멸렬하고, 지나치게 변화무쌍해서 결과적으로 사회의 문제들을 방임하는 잡다한 법률들의 집합을 만날 수 있을 뿐이다. 이런 법은 우리가 추론했던 법의 구성요소들, 예컨대 제도들과 인간의 권리들을 소홀히 다룬다. 그리고, 법의 요소들과 연관성이 없기 때문에 이에 따른 재판은 결국 무의미해진다. 그때부터 이것은 하나의 법이기를 포기한 것과 같다.

개략적인 분석을 통해서 우리는 효과가 어떻게 정당한 법적 기준이 될 수 있는지 알 수 있다. 물론 효과가 유일한 기준은 아니지만, 분명히 그것은 현실주의자들의 오류를 깨달을 수 있게 도와준다. "법은 영향력이 있기 때문에 중요하다"라고 말할 때, 그들의 주장은 결국 법에 효과를 부여할 수만 있다면 사실상 모든 정치가 옳고, 모든 수단들이 정당하다고 말하는 것과 전혀 다르지 않다. 그러나 이것은 정확하지 않다. 모든 수단들이 선한 것이 아니다. 엄격히 말해서 인간의 법은 '완전한 법'에 종속되기 때문에, 그리고 하나님의 정의를 벗어나서 법은 절대로 존재할 수 없다는 사실 때문에 법이 정당하다고 말할 수 있는 것

이다. 덧붙여, 완전한 법과 인간의 법 사이에 정상적인 관계가 유지돼야 한다. 인간의 법에 대한 개념이 이런 관계가 존재하는 것을 인정할 때 법은 비로서 영향력을 지닌 정당한 법이 될 수 있기 때문이다. 하나님 앞에서 불의한 법은 결론적으로 말하면 권위를 상실한 법이다. 인간의 권리를 무시하는 법은 가치가 없는 법이며, 제도들을 침해하는 법은 일관성이 없는 법이다. 물론 정치권력은 얼마동안 압제를 통해서 법을 유지할 수 있겠지만, 그런 법은 결국 영향력을 상실하면서 머잖아 국가의 완전한 전횡에 대체되고 만다. 우리가 방금 보았던 조건들에 대해서 간단히 정리하면, 영향력을 상실한 법은 국가 권력이 약해지면 극심한 무질서에 빠져들고, 반대의 경우에는 독재가 정의를 대체한다는 것이다.

*　*　*

법은 나라에 주어진 생명의 보장이다. 법이 없으면 나라도 있을 수 없다. 하나님이 '나라들의 세상'에 대해서 계시한 것에 따르면, 세상은 법이 있을 때 비로서 유지될 수 있다. "공의는 나라를 영화롭게 하고 죄는 백성을 욕되게 하느니라."잠14:34 정의로 나라를 살릴 수 있는 임무는 특별히 국가에 주어졌다. "왕은 정의로 나라를 견고하게 하고…"잠29:4 나라와 동시에 국가는 법을 통해서 자신의 권력을 강화한다. "이는 그 보좌가 공의로 말미암아 굳게 섬이니라."잠16:12 이 공의가 국가의 재판을 통해서 실현되기 때문에 여기에서 우리는 특별히 강조된 국가의 역할을 발견할 수 있다. "왕 앞에서 악한 자를 제하라. 그리하면 그의 왕위가 의로 마리암아 굳게 서리라."잠25:5 이 텍스트에는 두 가지 요소들이 밀접하게 연결되었다. 하나는 악인에 맞서서 국가가 담당하는 재판이며, 다른 하나는 재판을 통해서 나타나는 왕권의 강화이다.

이처럼 국가는 법을 수호하는 역할 안에 나라83)를 보존하는 책임을 지고 있다. 나라가 살 수 있는 것은 법을 통해서만 가능하기 때문이다. 국가가 법을 파괴하는 순간, 나라는 치명적인 손실을 입는다. 국민에게 정의를 가르치는 것은 국가의 몫이다. "야곱의 우두머리들과 이스라엘 족속의 통치자들아 들으라. 정의를 아는 것이 너희의 본분이 아니냐"미 3:1 책임이란 결국 지도자들이 죄를 범할 때 그들의 뒤를 이어 국민 전체가 떠안는 것이다. 지도자들과 국가와 국민 사이에는 이처럼 불가분의 연대성이 있다. "이러므로 너희로 말미암아 시온은 갈아엎은 밭이 되고 예루살렘은 무더기가 되고 성전의 산은 수풀의 높은 곳이 되리라"미3;12

우리가 완벽하게 분석할 수는 없지만, 연대성의 요소들 가운데 하나는 분명히 법의 문제다. 법의 도움이 없으면 나라는 존재할 수 없기 때문이며, 국가는 법의 수호자이기 때문이다. 따라서 국가가 법을 타락시키면 나라는 불의에 빠져들고 마침내 죽을 수 밖에 없기 때문이다. 이것은 앞에서 인용했던 두 텍스트 사이에서 미가 선지서가 담고있는 내용이기도 하다. "야곱 족속의 우두머리들과 이스라엘 족속의 통치자들 곧 정의를 미워하고 정직한 것을 굽게 하는 자들아 원하노니 이 말을 들을지어다. 시온을 피로 예루살렘을 죄악으로 건축하는도다. 그들의 우두머리들은 뇌물을 위하여 재판하며… 여호와를 의뢰하여 이르기를

---

83) 역주: 여기에서 저자가 말하는 나라는 정치권력을 장악한 국가의 추상적인 개념과
달리 '공동체'로서 실존적 의미를 지닌다. 즉, 나라는 법을 소유한 '민족공동체'로
서 국가와 동일한 범주이거나, 역사적으로는 '종족, 부족공동체'로서 하위개념일
수 있다. 물론 헤겔이 '독일헌법론'에서 지적한 국가와 나라의 구별과도 다르다.

'여호와께서 우리 중에 계시지 아니하냐 재앙이 우리에게 임하지 아니
하리라 하는도다"미3:9-11

　하박국 1장도 불의가 지배하는 나라의 멸망을 선언하면서, 미가의 내
용과 정확하게 일치한다. "이러므로 율법이 해이하고 정의가 전혀 시
행되지 못하오니 이는 악인이 의인을 에워쌌으므로 정의가 굽게 행하
여짐이니이다"합1:4 선지자들의 모든 메시지가 결국 나라들의 생존과
법의 존재, 또는 정의의 실현 사이의 연대성에 대해서 만장일치로 동의
한다. 물론 우리는 이것이 형식적인 관계나 정치적인 질서에 국한한 것
이 아니라는 사실을 기억해야 한다. 다시 말해, 우리는 여기에서 우리
가 보고자 했던 사실들을 실제로 확인할 수 있다는 의미가 아니다. 진
정한 법은 나라를 위해서 순조로운 생존 조건이 되는 반면, 폭력은 절
대로 순조롭지 못하다. 우리는 나라들의 지혜를 위한 잠언과 대면하고,
하나님의 의지를 표현하는 규범적인 진리와 만난다. 법이 없는 나라는
스스로 무너지는 것이 아니라 하나님이 정죄하시기 때문에 멸망하는
것이다. 만약에 하나님이 나라들의 심판자가 아니시라면, 폭력과 현실
주의가 최상의 정치가 될 수 있다. 그 순간에 완전한 법은 존재하지 않
고, 결과적으로 인간의 법도 더 이상 존재이유가 없기 때문이다.

　이것이 바로 예언들이 지니는 규범적 특성의 결론이다. 법의 부재로
말미암아 나라가 죽을 상황에 처한다는 것은 법이 그 자체에 가치를 지
니거나 스스로 살아가는 생존요소이기 때문이 아니다. 인간의 법이 사
실상 완전한 법의 표현이기 때문이며, 법을 잃은 백성들은 결국 완전
한 정의를 훼손하기 때문이다. 또한, 법의 부재로 인해서 인간의 정의
를 모르는 백성이 필연적으로 하나님과 맺은 언약을 파기하기 때문이

다. 이미 우리는 이에 관한 이사야의 텍스트들을 인용했다. "땅이 또한 그 주민 아래서 더럽게 되었으니 이는 그들이 율법을 범하며 율례를 어기며 영원한 언약을 깨뜨렸음이라."사24:5 앞에서 인용했던 잠언의 텍스트들을 성경의 범주 안에 다시 두면서 우리는 본래의 의미를 제대로 이해해야 한다. 다시 말해, 여기에서 우리는 정치적 자연주의가 아니라 기독교론적인 의미를 파악해야 한다.

2. 법의 영역에서 교회의 역할

우리는 간단한 몇 줄의 글로 교회법이나 정경政經법에 대한 문제들을 자세히 다룰 수 없다. 다만, 세상과 법의 영역 안에서 교회가 지닌 사명에 대해서 간단히 다루고자 한다. 교회가 나라 안에 위치하고, 하나님 앞에서 교회가 상당부분 책임을 져야 하는 국가와 마주하기 때문이다.

교회에 관한 첫 번째 사실은, 국가 안에서 교회가 어떤 법을 소유한다고 생각할 수 있다는 것이다. 교회는 법을 가진 하나의 실체이며, 정치척인 권력에 의해서 국가의 인정을 받기 때문에 교회는 합법성을 지닌다. 교회와 국가 사이에 뚜렷한 관계가 존재하며, 그것은 무엇보다 법적인 관계다. 우리가 규정했던 것처럼 법 안에 분명히 국가의 역할이 있기 때문에 그것은 당연한 사실이다. 국가가 법과의 관계를 어떻게 표현하든, 국가가 교회의 제반 법들을 고려하면서 상호관계에 대해서 자신의 의견을 표명하는 것은 정당하다. 교회의 법들은 다른 모든 법들과 마찬가지로 교회의 기원과 종말의 관점에 따라서 결정되는 법이다.

교회를 무엇보다 법의 주체로 인정해야 한다. 우리는 교회에 대한 국가의 무지에 가만히 침묵할 수 없다. 다른 어떤 법들의 주체에 대해서 정당하게 권리를 인정하는 것처럼, 교회의 법적인 위상은 국가에 의해서 구성된 법의 중요한 일부를 이룬다는 사실을 인정해야 한다. 우리는 교회의 권리를 전반적으로 규정하려고 노력하지 않을 것이다. 그러나 그것들 가운데 하나는 우리에게 매우 중요하다. 교회는 말씀으로 세워진다는 사실에 근거하는 교회의 권리로서, 교회의 '법적인' 역할과 직접적인 관계가 있다. 따라서 교회는 근본적으로 법을 소유해야 하며, 자유롭게 하나님의 말씀을 전할 수 있어야 한다. '말씀'은 그런 목적으로 하나님에 의해서 보내진 것이다. 다시 말해, 국가가 복음을 전하는 교회의 능력과 권리를 제거하는 순간부터 그 국가는 불의한 국가가 된다. 이것은 이미 우리가 자주 듣던 말이지만, 복음을 전한다는 것은 단지 복음서에 있는, "죄인들을 용서한다"는 좋은 소식을 전하는 것만이 아니다. 그것은 동시에 좋은 소식의 모든 결론까지 빠짐없이 전하는 것이다. 또한, 예수 그리스도가 창조주라는 사실과 더불어 그 말이 함축하는 내용들까지 함께 전하는 것이다. 따라서, 신앙과 전도가 '사적인 일'이라는 것은 전혀 사실이 아니다. 전도와 신앙은 생명 전체를 담보하는 행동이며, 반드시 공적인 행동이 되어야 한다. 교회가 어떤 정치적인 입장을 취하거나 법에 대해서 판단을 내릴 때, 그것은 사실상 복음을 전하는 것 외의 다른 것이 아니다. 물론, 교회의 정치적인 입장이 어떤 집단의 사사로운 이익이나 도덕론에 관한 의사 표명이 아니라는 전제가 있어야 한다.

법의 영역에서 교회가 할 수 있는 역할은 무엇보다 교회가 '말씀'에 대한 자유를 요구하는 것부터 시작하고, 말씀을 통해서 법적 정의와 다른 정의가 존재한다는 사실을 분명히 밝히는 것이다. 교회는 처음부터 이 정의, 즉 우리 안에서 역사하는 그리스도의 정의를 세상에 전하고 드러내라고 부름받았다. 따라서 교회는,

1) 그리스도의 정의를 전해야 한다. 교회는, 하늘에 오르셔서 하나님의 우편에 만물의 주인으로 계시다가 세상을 심판하기 위해서 다시 오

시는 예수 그리스도를 믿기 때문이다. 이것은 예수 그리스도가 그를 알고 있는 교회를 심판하실 뿐 아니라, 그를 모르는 세상을 동시에 심판하신다는 말이다.

2) 그리스도의 정의를 세상에 밝히 드러내야 한다. 그리스도의 몸이며 믿는 자들의 공동체로서 교회는 세상의 규범이 아니라 그리스도의 정의에 따라서 다스려져야 한다.

앞의 두 가지 사실을 확인하면서 우리는 다음과 같은 결론을 도출할 수 있다.

1) 교회는 하나님 안에서 기초와 목적…등을 지니지 않는 세상의 자율적인 법을 인정할 수 없다. 교회는 하나님의 정의를 전파해야 하며, 재판관들에게 하듯 입법자들에게, 입법자들에게 하듯 재판관들에게 '하나님이 지존하신 구세주' 라는 사실을 상기시켜야 한다. 자신들이 공표하고, 적용하고, 법을 제정하는 방법과 이유에 대해서 그들은 하나님 앞에서 빠짐없이 보고해야 한다.

2) 교회는 예수 그리스도 안에 계시된 완전한 정의만이 능력과 효과가 있다는 사실을 알고 있다. 오직 그것만이 세상을 심판할 수 있기 때문이다. 반면에 인간의 정의가 할 수 있는 모든 것은 사람들이 서로 맞서서 저지르는 악을 강제적인 수단을 통해서 억제시키는 것에 지나지 않는다. 그럼에도 불구하고 인간의 정의는 완전한 정의로부터 어떤 가치를 반영하거나, 반영해야 한다. 따라서, 교회는 법을 제정하고 적용해야 하는 사람들에게 하나님이 말씀 안에서 법에 계시한 것을 알게 해

야 한다. 세상에서 인간의 종말에 대해서, 섭리 안에서 하나님이 사람들 사이에서 이루어지기 원했던 관계에 대해서 전해야 한다.

3) 교회가 예수 그리스도의 몸이며 그가 교회의 머리가 되는 한, 교회는 자신의 고유한 품 안에서 하나님의 의지에 합당한 법을 드러내야 한다. 즉, 그리스도 안에서 우리에게 계시된 것과 동일한 하나님의 뜻을 세상에 표출해야 한다.84)

디에트리히Diétrich의 장문의 인용은 하나님의 정의의 증거로서 국가에 대한 교회의 역할을 분명히 논술한다. 인간의 정의의 진정한 가치가 무엇인지, 그것의 기초와 종말이 무엇인지, 하나님의 정의와 그것의 관계가 무엇인지 그리스도의 몸인 교회는 분명히 알고 있다. 그렇다면 교회는 이 관계를 국가의 국민들과 나라들에게 가르쳐야 한다. 그러나 법률이나 독립적인 윤리로서 그것을 가르치는 것이 아니라, 그리스도는 '왕' 이기 때문에 그것을 복음서의 '강령' 으로 가르쳐야 한다. 교회는 예수 그리스도의 십자가와 강령을 분리시킬 수 없을 뿐 아니라, 그리스도의 재림과 예언을 분리시킬 수 없다. 결론적으로 법이 하나님의 정의에 대한 분명한 증거 안에 포함되지 않는다면, 교회는 이 법을 가르칠 수 없다. 그것은 하나님의 정의를 드러내려고 예수 그리스도 안에서 말씀과 삶을 통해 밝혀진 증거 안에 이 법이 들어있기 때문이다.

*　*　*

교회는 지구촌의 법에 대해서 다른 것들이 대신할 수 없는 분명한 역

---

84) S. 디에트리히(S. De Diétrich)의 인용도서 46쪽 이하

할을 맡았기 때문에 교회만이 법에 자신의 고유한 의미와 기초를 제시할 수 있다. 다시한번 우리는 인간과 계시, 세상과 교회 사이에 맺어진 불가분의 결합이 어디까지 이루어지는지 분명히 보고 있다. 두 개의 영역도, 두 개의 구球도 존재하지 않는다. 요컨대, 인간을 위해서 하나의 유일한 터전이 있을 뿐이며, 그것은 교회와 세상의 분리할 수 없는 결합에 의해 건설되는 생명의 유일무이한 공간이다. 따라서 법의 영역에서도 교회의 선지자적 역할은 절대 사라지지 않는다. 일반적으로 교회는 전위대의 역할을 하면서, 닥쳐오는 위험을 국민들에게 미리 알려주는 보초가 된다.에스겔 33장 오늘날 우리가 교회라는 것을 생각할 때 이는 얼마나 아이러니한가! 이것은 법의 세상에서 구체적으로 나타난다.

우리는 법의 구성요소로서 개인의 중요성을 알고 있으며, 법은 무엇보다 권리의 요구를 통해서 자신의 정당한 모습을 드러낸다는 사실 또한 분명히 알고 있다. 여기에 교회의 결정적인 역할이 자리잡는다. 줄곧 우리는 사랑을 베푸는 교회를 강조하면서, 교회가 사랑이라는 사실은 충분히 인식하지 못한다. 우리는 말하되 증거하지 않는 교회에85) 익숙하고, 자신의 몸 안에서 '그리스도의 고난을 완성하는' 것 대신에 안락을 추구하는 교회에 지나치게 익숙해져 있다. 그러나, 그리스도의 몸인 교회는 인간을 위해서 희생하신 그리스도의 '남은 고난'을 반드시 자신의 고난으로 완성해야 한다. "나는 이제 너희를 위하여 받는 괴로움을 기뻐하고 그리스도의 남은 고난을 그의 몸된 교회를 위하여 내 육체에 채우노라"골1:24 오늘날 우리는 함께 아파하지 않고 함께 고통을 나누려 하지 않기 때문에 더 이상 사람을 품을 수 없는 교회에 익숙해질 뿐이다.

---

85) 성서적 의미에서 증인은 순교자, 증거는 고난을 말한다.

인간의 권리를 인정하는 수고와 '회복'을 요구하는 짐을 교회가 인간에게 모두 맡긴다면, 교회는 법 안에서 자신에게 주어진 고유한 사명을 저버리는 것이다. 인간은 자신이 원하는 것에 대해서 오해할 수 있고, 자신의 진정한 권리를 깨닫지 못할 수 있다. 이성을 따르거나 관심을 가질 때 인간은 언제나 완전무결한 것이 아니다. 우리는 인간의 법과 그들의 고난 사이에 얽혀있는 관계를 보았다. 분명히 교회는 모든 사람을 위한 예수 그리스도의 사랑을 증거하기 위해서 존재한다. 또한, 교회는 인간을 위해서 그리고 인간과 더불어 고통을 나누기 위해서 존재하기 때문에 교회는 인간의 진정한 권리를 반드시 알아야 한다. 교회만이 하나님 앞에서 인간의 진정한 본성과 실제적인 상황, 그리고 고통에 대해서 직관적인 계시가 있기 때문에 교회는 인간의 권리에 대해서 절대로 모르지 않는다. 세상의 역사가 진행되는 동안에 교회는 각각의 구체적인 상황 안에서 분명히 말해야 한다. 이것이 '지금 여기에'hic et nunc있는 인간의 법이며, 인간이 정당하게 요구할 수 있는 법이며, 인간이 지켜야 하는 법이다. 그러면서 교회는 사회, 국가와 불가분의 관계를 맺고 인간의 요구를 세상에 제시한다. 권리를 요구하는 인간의 정당한 주장이 저항으로 변질되지 않기 위해서 교회는 방임하지 말아야 한다. 인간이 절망에 빠지지 전에 교회가 먼저 요구해야 한다. 역사가 진행되면서 교회는 이미 그것을 알았지만, 3세기가 지나도록 교회는 입을 다물고 있다. 교회가 이 역할을 수행한다면 법에 영감을 주는 인도자가 되고 끊임없는 변화의 능력으로 세상에서 바로 설 수 있을 것이다. 그러나 교회가 역할을 수행하지 못한다면 다른 어떤 사람도 이 사명을 이루지 못하면서 마침내 법은 순간적인 영향력에 따라서 격변과 모순에 빠져들 것이다.

그러기 위해서 교회는 사회의 법적인 구성을 끊임없이 점검하지 않을 수 없다. 법에 대한 교회의 주장은 주관적인 법의 체계에 대한 판단을 포함한다. 객관적인 법의 체계와 마주하면서 교회는 자신의 고유한 기준에 따라서 법의 기초와 종말을 점검하고 비판해야 한다.

덧붙여 교회는 '법의 한계를 분명히 주장해야' 한다. 다시 강조하지만, 절대로 법의 한계를 추상적으로 제시하라는 것이 아니라는 사실에 주목하자. 교회는 구체적인 사실 안에서 믿음을 적용한다. 이런 적용은 결코 지적인 체계가 아니라 언제나 '주의깊은 검토'에 해당한다. "범사에 헤아려 좋은 것을 취하고…."살전5:21 따라서, 객관적인 법 앞에서 교회는 어떤 한계를 넘을 수 없다고 분명히 주장할 것이다.

이어서 교회는 법적 체계에 대해서 판단해야 한다. 인간의 권리와 하나님이 창조하신 제도들에 대한 법적 체계를 존중하면서 판단이 이루어진다. 당연히 교회는 권리와 제도들의 필요성과 가치, 그리고 법을 위한 의미를 법률가에게 상기시켜야 한다.

필요하다면 교회는 법을 고치기 위해서 노력해야 하며 법에 맞서 투쟁해야 한다. 때로는 쇠퇴하고 일탈하는 법적 체계에 반대하는 교회의 고유한 법과 정의를 세우고, 때로는 국민의 정당한 심판 안에서 진정한 모습이 드러나는 법의 혁신을 위해서 전열을 정비해야 한다.

교회는 날마다 하나님의 정의로 살며, 또한 하나님의 정의를 알고 있다. 따라서 교회는 사회적 갈등과 정치적 투쟁을 총괄하는 치열한 법적 논쟁에 당당히 참여하는 것이다.

*　*　*

　이제, 교회에 마지막 과제가 남아있다. 법의 영역에 대해서 교회는 단순히 "징벌의 두려움 때문이 아니라 양심의 동기에 따라서 복종해야 한다"는 사실을 알아야 한다. "그러므로 복종하지 아니할 수 없으니 진노 때문에 할 것이 아니라 양심을 따라 할 것이라."롬13:5 달리 말해서 교회는 그리스도인들을 위한 교육의 사명이 있다. 우리가 지금까지 교회에 대해서 말했던 모든 것이 교회 안에 있는 그리스도인들에게 제대로 전해져야 한다. 이론적으로 교회를 대표하는 어떤 행정적인 조직이 아니라 그리스도인들의 신앙공동체로서 교회는 우리가 앞에서 제시한 선에 따라서 자신의 의사를 분명히 밝히고, 자신의 입장을 뚜렷히 결정해야 한다. 그러기 위해서 그리스도인들은 교회의 내부에서 진리를 배울 수 있어야 한다. 그리스도인들에게 국가가 무엇인지 가르치고 국가에 복종해야 하는 이유를 가르치는 것이 필요한 것처럼, 그들에게 법의 기초와 궁극의 목적이 무엇인지 가르치고 법의식을 심어주는 것이 필요하다. 교회가 부름받은 대로 말하고 행동할 수 있기 위해서는 사전에 조건이 필요하다. 즉, 그리스도인들이 분명히 사회 안에서 그들의 법적인 역할과 책임을 분명히 알고 있을 때, 그리고 성령이 그들에게 일깨우는 능력을 제대로 인식할 때 비로서 교회는 성령이 요구한 대로 말하고 행동할 수 있다. 그로부터 각각의 그리스도인은 왜 복종해야 하고 왜 복종하지 않아야 하는지 이해하게 된다. 즉, 요구할 때와 거부할 때를 구별하고, 무엇을 주장하며 무엇을 무시할지 분별한다. 교회가 충실히 따르겠다고 수긍할 때 마침내 하나님은 세상을 위해서 교회를 사용하신다.

＊　＊　＊

우리가 방금 말했던 것에 따라서 중요한 결론을 도출한다. 교회가 자신의 역할을 완벽하게 수행하고 교회의 역할을 위한 법을 국가가 인정한다면, 법은 더 이상 국가에 종속되지 않는다. 그때부터 어떤 경우에도 국가는 법률보다 우월한 정의의 심판자이며 법의 창조자라고 주장할 수 없다. 사실 국가는 종이다. 물론 국가는 교회의 종[86]이 아니라, 법을 위한 하나님의 종이다. 법의 영역에서 국가가 유일하게 결정짓는 것이 아니라, 국가의 맞은 편에 하나님의 계시를 전하는 교회가 있다. 따라서 법은 국가와 교회, 그리고 인간의 어디에도 일방적으로 종속되지 않는다. 법은 인간의 행위에 종속하는 직접적이거나 간접적인 결과물이 아니다. 엄밀히 말해서 법은 하나님이 원하는 자율적인 권력이다. 법이 국가와 병행하는 권력이라고 말하거나 교회를 통해서 법의 실체를 깨달을 수 있다고 말하는 순간, 우리는 결국 동일한 생각과 만난 것이다. 그러나, 자율적인 권력으로서 법의 개념은 자연법의 지지자들이 주장하는 "자율적이기 때문에 자연이며 본성이다"라는 변함없는 오류를 인정하는 셈이다. 혼동을 피하기 위해서 법이 무엇에 대하여 자율적인지 밝히는 것이 중요하다. 법은 본성을 포함한 인간의 모든 힘에 대해서 자율적이며, 다만 하나님의 정의에 종속할 뿐이다. 따라서 법에 대한 '정상적인' 반응은, "법이 인간의 힘에 대해서 자율적이기를 멈추는 순간, 법은 즉각 부패하며 법이기를 포기하는 것이다"라는 문장으로 간단히 설명된다.

---

86) 이것은 중세 교황권의 명백한 오류였다

결 론

　지금까지 우리가 썼던 모든 것들이 사실상 서론에 지나지 않기 때문에 섣불리 결론을 말하지 않을 것이다. 우리에게 주어진 범주는 결국 하나의 신학적 연구를 암시하며, 그것은 길을 사방에 열어둔 개방적인 연구다. 따라서 우리의 연구에서 법적인 원칙들에 관한 영역이나 현대 실정법의 영역에 대해서 결론들을 추론할 수 없었고, 관념적인 분석에 치우쳤던 법 체계를 구체적으로 제시하지 않았다. 효과적인 연구는 신학적인 사실들로부터 시작해서 세부적인 내용 안에서 이루어질 수 있다. 따라서 우리의 연구는 분명한 문제들과 존재하는 법률들에 대한 비평, 목록, 의식화 작업에 관한 것이다.

　그러나 이 작업에 몰두하기 전에 먼저 해결해야 하는 다른 신학적 연구가 있다. 그것은 완전한 법의 내용에 대한 연구다. 다시 말해 하나님이 인간을 위해서 창조한 제도들과, 하나님이 원하신 대로 수행할 수 있도록 인간에게 부여하신 권리에 대한 신학적인 연구다. 그러나 이런 연구는 완전히 신학적일 수는 없다. 시간의 범주 안에서 살고있는 인간들에 의해서 오늘날 이해되고 받아들여지는 계시에서 비롯되기 때문이다. 우리는 인간에게 알려진 권리나 제도의 본질에 절대로 도달할 수 없다. 따라서 우리는 본질을 철저하게 파악할 수도 없다. 우리는 계시 안에서 형식을 파악할 수 있을 뿐이며, 시간 안에서 형식을 표현할 수 있을 뿐이다. 따라서 여기에서 말하는 신학적 연구는 현재 시점에서 법의 문제와 분리될 수 없다.

단지 출발점을 제시하고 방법에 대해 윤곽을 그려보지만, 우리의 연구는 실제적인 한계에 부딪친다.

＊　＊　＊

"여호와께서 이와 같이 말씀하시기를 너희는 정의를 지키며 의를 행하라. 이는 나의 구원이 가까이 왔고 나의 공의가 나타날 것임이라…." 사56:1 이사야의 본문은 우리가 지금까지 말했던 모든 것을 한 문장으로 요약한 것으로, 우리 모두에게 주는 준엄한 경고다. 구원이 전해지고 예수 그리스도가 오시기 때문에 그에 관한 법을 실천하고 복종하는 것이 반드시 필요하다. 예수 그리스도가 모든 것을 완성했고, 사람들은 그의 정의 안에서 살라고 부름을 받았기 때문이다. 그러나, 하나님은 더 많은 사람들이 살 수 있도록 시간을 남겨두었고, 알려진 모든 것이 미래에87) 일어나기 때문에 사람은 인내의 시간을 이용해서 생명을 보존하고 구원88)의 의미를 깨달아야 한다. 하나님이 "지체하지 아니하리라"라고 말씀하셨기 때문에 우리가 이미 '마지막 때'에 있다는 것과 동시에 우리에게 위급한 임무가 주어졌다는 것을 명심해야 한다. 정당한 법의 구상은 우리가 해야 하는 시급한 임무이며, 종말과 직접적인 관계가 있다는 사실을 분명히 알아야 한다. 결국 우리가 정당한 법을 제정해야 하는 이유는 하나님의 정의가 가까이 다가오고 있기 때문이다.

"이스라엘아 들으라…." 교회여, 들으라!

---

87) 우리가 절대로 알 수 없는 미래라는 사실을 잊지 말아야 한다. 이 말은, 우리가 느끼지 못하고 있지만 그에 대한 역사가 이미 시작되었다는 것을 전제한다.

88) 예수 그리스도의 죽음과 부활, 그리고 승천 때문에 가능한 구원을 말한다.

엘륄의 저서_{연대기순}

- *Étude sur l'évolution et la nature juridique du Mancipium*. Bordeaux: Delmas, 1936.
- *Le fondement théologique du droit*. Neuchâtel: Delachaux & Niestlé, 1946.
  ⇒『자연법의 신학적 의미』, 강만원 옮김(대장간, 2013)
- *Présence au monde moderne: Problémes de la civilisation post-chrétienne*, Geneva: Roulet, 1948 ⇒『세상 속의 그리스도인』, 박동열 옮김(대장간, 1992, 2010(불어 완역))
- *Le Livre de Jonas*. Paris: Cahiers Bibliques de Foi et Vie, 1952.
  ⇒『요나의 심판과 구원』, 신기호 옮김(대장간, 2010)
- *L'homme et l'argent* (Nova et vetera). Neuchâtel: Delachaux & Niestlé, 1954.
  ⇒『하나님이냐 돈이냐』, 양명수 옮김(대장간. 1991, 2011)
- *La technique ou l'enjeu du siècle*. Paris: Armand Colin, 1954. Paris: Économica, 1990.
  ⇒『(기술 또는 세기의 쟁점』, 대장간, 출간 예정)
- *Histoire des institutions*. Paris: Presses Universitaires de France, plusieurs éditions (dates données pour les premières éditions):. *Tomes* 1–2, *L'Antiquité* (1955); *Tome* 3, *Le Moyen Age* (1956); *Tome* 4, *Les XVIe–XVIIIe siècle* (1956); *Tome* 5, *Le XIXe siècle* (1789–1914) (1956). ⇒『(제도의 역사』, 대장간, 출간 예정)
- *Propagandes*. Paris: A. Colin, 1962. Paris: Économica, 1990
  ⇒『선전』, 하태환 옮김(대장간, 2012)
- *Fausse présence au monde moderne*. Paris: Les Bergers et Les Mages, 1963 ⇒ (대장간 출간 예정)
- *Le vouloir et le faire: Recherches éthiques pour les chrétiens: Introduction* (première partie). Geneva: Labor et Fides, 1964 ⇒『원함과 행함』(솔로몬, 2008)
- *L'illusion politique*. Paris: Robert Laffont, 1965. Rev. ed.: Paris: Librairie Générale Française, 1977. ⇒『정치적 착각』, 하태환 옮김(대장간, 2011)
- *Exégèse des nouveaux lieux communs*. Paris: Calmann-Lévy, 1966. Paris: La Table Ronde, 1994. [reproduction de la couverture]. ⇒ (대장간, 출간 예정)
- *Politique de Dieu, politiques de l'homme*. Paris: Éditions Universitaires, 1966.
  ⇒『하나님의 정치와 인간의 정치』, 김은경 옮김(대장간, 2012)
- *Histoire de la propagande*. Paris: Presses Universitaires de France, 1967, 1976.
- *Métamorphose du bourgeois*. Paris: Calmann-Lévy, 1967. Paris: La Table Ronde, 1998. [reproduction de la couverture] . (대장간, 출간 예정)

- *Autopsie de la révolution.* Paris: Calmann–Lévy, 1969.
⇒『혁명의 해부』, 황종대 옮김(대장간, 2013)
- *Contre les violents.* Paris: Centurion, 1972.
⇒『폭력에 맞서』, 이창헌 옮김(대장간, 2012)
- *Sans feu ni lieu: Signification biblique de la Grande Ville.* Paris: Gallimard, 1975. ⇒『머리둘곳 없던 예수–대도시의 성서적 의미』, 황종대 옮김(대장간, 2013).
- *L'impossible prière.* Paris: Centurion, 1971, 1977.
⇒『불가능한 기도』, 신기호 옮김(대장간, 출간 예정)
- *Jeunesse délinquante: Une expérience en province.* Avec Yves Charrier. Paris: Mercure de France, 1971.
- *De la révolution aux révoltes.* Paris: Calmann–Lévy, 1972.
- *L'espérance oubliée,* Paris: Gallimard, 1972.
⇒『잊혀진 소망』, 이상민 옮김(대장간, 2009)
- *Éthique de la liberté.* 2 vols. Geneva: Labor et Fides, I:1973, II:1974.
⇒ (대장간, 출간 예정)
- *Les nouveaux possédés* Paris: Arthème Fayard, 1973.
⇒ (E)*The New Demons.* Trans. C. Edward Hopkin. New York: Seabury, 1975. London: Mowbrays, 1975. ⇒ (대장간, 출간 예정)
- *L'Apocalypse: Architecture en mouvement.* [Paris:] Desclée 1975.
⇒ (E)*Apocalypse: The Book of Revelation.* Trans. George W. Schreiner. New York: Seabury, 1977. ⇒ (대장간, 출간 예정)
- *Trahison de l'Occident.* Paris: Calmann–Lévy, 1975.
⇒ (E)*The Betrayal of the West.* Trans. Matthew J. O'Connell. New York: Seabury,1978.
- *Le système technicien.* Paris: Calmann–Lévy, 1977.
⇒『기술 체계』, 이상민 옮김(대장간, 출간 예정)
- *L'idéologie marxiste chrétienne.* Paris: Centurion, 1979.
⇒『기독교와 마르크스주의』, 곽노경 옮김(대장간, 2011)
- *L'empire du non–sens: L'art et la société technicienne.* Paris: Press Universitaires de France, 1980.
⇒『무의미의 제국』, 하태환 옮김(대장간, 2013년 출간 예정)
- *La foi au prix du doute: "Encore quarante jours"* Paris: Hachette, 1980.
⇒『의심을 거친 믿음』, 임형권 옮김 (대장간, 2013)
- *La Parole humiliée.* Paris: Seuil, 1981.
⇒『굴욕당한 말』, 박동열 이상민 공역(대장간, 2013년 출간 예정)
- *Changer de révolution: L'inéluctable prolétariat.* Paris: Seuil, 1982.
⇒『인간을 위한 혁명』, 하태환 옮김(대장간, 2012)
- *Les combats de la liberté.* (Tome 3, L'Ethique de la Liberté) Geneva: Labor et Fides, 1984. Paris: Centurion, 1984. ⇒『자유의 투쟁』(솔로몬, 2009)
- *La subversion du christianisme.* Paris: Seuil, 1984, 1994. [réédition en 2001, La Table Ronde]

⇒『뒤틀려진 기독교』, 박동열 이상민 옮김(대장간, 1990 초판, , 2012년불어 완역판 출간)
- *Conférence sur l' Apocalypse de Jean.* Nantes: AREFPPI, 1985.
- *Un chrétien pour Israël.* Monaco: Éditions du Rocher, 1986.
  ⇒『이스라엘을 위한 그리스도인』(대장간, 출간 예정)
- *Ce que je crois.* Paris: Grasset and Fasquelle, 1987.
  ⇒『내가 믿는 것』(대장간 출간 예정)
- *La raison d' être: Médutation sur l' Ecclésiaste.* Paris: Seuil, 1987
  ⇒『존재의 이유』(규장, 2005)
- *Anarchie et christianisme.* Lyon: Atelier de Création Libertaire, 1988. Paris: La Table Ronde, 1998
  ⇒『무정부주의와 기독교』, 이창헌 옮김(대장간, 2011)
- *Le bluff technologique.* Paris: Hachette, 1988.
  ⇒ (E)*The Technological Bluff.* Trans. Geoffrey W. Bromiley. Grand Rapids: Eerdmans, 1990. ⇒『기술의 허세』(대장간, 출간 예정)
- *Ce Dieu injuste_?: Théologie chrétienne pour le peuple d' Israël.* Paris: Arléa, 1991, 1999. ⇒『하나님은 불의한가?』, 이상민 옮김(대장간, 2010)
- *Si tu es le Fils de Dieu: Souffrances et tentations de Jésus.* Paris: Centurion, 1991. ⇒『네가 하나님의 아들이라면』, 김은경 옮김(대장간, 2010)
- *Déviances et déviants dans notre societé intolérante.* Toulouse: Érés, 1992.
- *Silences: Poèmes.* Bordeaux: Opales, 1995. ⇒ (대장간, 출간 예정)
- *Oratorio: Les quatre cavaliers de l' Apocalypse.* Bordeaux: Opales, 1997.
  ⇒ (E)*Sources and Trajectories: Eight Early Articles by Jacques Ellul that Set the Stage.* Trans. and ed. Marva J. Dawn. Grand Rapids: Eerdmans, 1997.
- *Islam et judéo-christianisme.* Paris: Presses universitaires de France, 2004.
  ⇒『이슬람과 기독교』, 이상민 옮김(대장간, 2009)
- *La pensée marxiste:* Cours professé à l' Institut d' études politiques de Bordeaux de 1947 à 1979 Edited by Michel Hourcade, Jean-Pierre Jézéuel and Gérard Paul. Paris: La Table Ronde, 2003.
  ⇒『마르크스 사상』, 안성현 옮김(대장간, 2013 출간 예정)
- *Les successeurs de Marx:* Cours professé à l' Institut d' études politiques de Bordeaux Edited by Michel Hourcade, Jean-Pierre Jézéquel and Gérard Paul. Paris: La Table Ronde, 2007. ⇒ (대장간, 출간 예정)

기타 연구서
- 『세계적으로 사고하고 지역적으로 행동하라』(*Perspectives on Our Age:Jacques Ellul Speaks on His Life and Work.*), 빌렘 반더버그, 김재현, 신광은 옮김(대장간, 1995, 2010)
- 『자끄 엘륄 -대화의 사상』(*Jacques Ellul, une pensée en dialogue*, Genève), 프레데릭 호농(Fréderic Rognon)저, 임형권 옮김(대장간, 2011)
- 『자끄 엘륄입문』, 신광은 저(대장간, 2010)

- *A temps et à contretemps*: *Entretiens avec Madeleine Garrigou-Lagrange.* Paris: Centurion, 1981.
- *In Season, Out of Season*: *An Introduction to the Thought of Jacques Ellul*: Interviews by Madeleine Garrigou-Lagrange. Trans. Lani K. Niles. San Francisco: Harper and Row, 1982.
- *L' homme à lui-même*: *Correspondance.* Avec Didier Nordon. Paris: Félin, 1992.
- *Entretiens avec Jacques Ellul.* Patrick Chastenet. Paris: Table Ronde, 1994

대장간 자끄 엘륄 총서는 중역(영어번역)으로 인한 오류를 가능한 줄이려고, 프랑스어에서 직접 번역을 하거나, 영역을 하더라도 원서 대조 감수를 원칙으로 하고 있습니다.
이 일은 한국자끄엘륄협회의 협력으로 이루어지고 있으며, 총서를 통해서 엘륄의 사상이 굴절되거나 왜곡되지 않고 그의 삶처럼 철저하고 급진적으로 전해지길 바라는 마음 가득합니다.